悲しみを
乗り越える
禅の教え

植西 聰
Akira Uenishi

ビジネス社

まえがき

人生には悲しい出来事がたくさんあります。

人生ではつらい経験をたくさんしなければなりません。

恋人とケンカ別れをしてしまうこともあるでしょう。

信頼していた相手から裏切られることもあるかもしれません。

そのような人間関係の不和があります。

愛する人と死別して泣いている人もいると思います。

また、夢や希望に破れて、悲しい思いをしている人もいるでしょう。

大きな挫折《ざせつ》や失敗のために、泣きたい気持ちになっている人もいるかもしれません。

自分自身の劣等感のために、泣いて暮らしている人もいるでしょう。

これからどのように生きていけばわからなくなり、道に迷った子供のような気持ちになって、悲しい思いをしている人もいるでしょう。

しかし、人間は、そのような悲しい出来事、つらい経験を乗り越えて生きていかなければならないのも事実だと思います。

一つには自分自身の未来のためにです。

もう一つには、自分を頼りにして生きている家族や、仕事の仲間、また友人たちのためにです。

どんなに悲しくても自分自身が悲しみを乗り越えて、しっかりと力強く生きていかなければなりません。

その際、悲しい出来事やつらい経験を乗り越えるために力になってくれるのが「禅の教え」です。

「禅の教え」には、たくましく人生を生き抜いていくためのヒントが数多く含まれています。

また、「禅の教え」は心の悩みを解決するための知恵にあふれています。

また、「禅の教え」は、前向きに生きていくための勇気も与えてくれます。

また、「禅の教え」は、心の迷いを吹っきって、深い安らぎを与えてもくれます。

このように「禅の教え」は、多くの人たちの心の支えとして大いに役立ってくれると思います。

「禅の教え」というと、「それ読んだり聞いたりしても難しくて理解できない」と思っている人もいるかもしれません。

確かに「禅の教え」には難解な部分もあります。

ですから本書では、一般の人にもわかりやすいように、かみくだいて説明することに努力しました。

読者の日常生活に即して、「なるほど」と思ってもらえるような形になっていると思います。

悲しい出来事やつらい経験を乗り越えるためのヒントとしてばかりではなく、生活全般の手引書として読んでいただければ幸いです。

著者

悲しみを乗り越える　禅の教え　目次

第1章

力強く再生する

第2章

覚悟を決める

第3章

無心になって生きる

第4章 自分自身を信じる

第5章　悲観的にならずに生きる

第6章

束縛から離れる

第7章

物事の本当の意味を知る 153

第8章
自然の流れに自分を任せる

第9章 自然の中で心を癒す

第1章

力強く再生する

誰のためでもない、ただ命に従って生きていく

「あの人のために一生懸命尽くしてきた」という思いが裏切られることがあります。「好きな人から愛されたい」という思いから、その人のために一生懸命尽くしてきたのに、その人は別の人と結婚してしまった、といった場合です。

会社では、「上司のためを思って尽くしてきたのに、裏切られた」と、悔し涙を流している人もいるかもしれません。

このような状況では、相手を怨《うら》んだり憎んだりする気持ちにもなるでしょう。しかし、人を怨んだり憎んだりしていいことは何一つありません。自分が不幸になっていくばかりです。

禅の言葉に、「**百花春《ひゃっか》に至って誰《た》が為《ため》にか開く**」というものがあります。

春になると野には一斉に花が咲きます。

その花たちは、いったい誰のためを思って咲いているのでしょうか？　誰のためにでもあ

りません。ただ自分自身の命の法則に従って咲いているのです。

この禅語は、「人間も花と同じように、『誰のため』ということではなく、自分の命に従って生きていくほうがいい」と述べているのです。

「**自分の命に従って生きる**」「**自然に従って生きていく**」ということが、禅の理想の生き方なのです。

この禅の考え方をヒントにして、「誰のために尽くす」という自分の生き方を見つめ直してみる、というのも一つの方法だと思います。

むしろ、「自分自身の命を輝かすことをまず考え、自分の命が輝けば、そのことが他の人のためになる、他人を喜ばせる」と考えるようにしたらどうでしょうか。

そうすれば、誰かを怨んだり憎んだりすることなく、楽に生きていけると思います。


「人のために尽くす」という生き方を見つめ直す。

自分を見失うから、間違った判断をしてしまう

愛する人との死別、あるいは失恋、信頼できるパートナーから裏切られるなど、悲しい経験をすると、人は往々にして平常心を失い自分を見失うことになりがちです。

自分を見失って、仕事を投げ出してしまったり、生活が乱れたりします。人によっては、自殺を考える人もいるようです。

しかし、どんなにつらい経験をしても、「自分を見失ってはいけない」と考えるのが、禅です。

禅の言葉に、「**随処《ずいしょ》に主と作《な》れば、立処《りっしょ》皆《みな》真《しん》なり**」というものがあります。

「どんな状況であっても自分を見失うことがなければ、正しい判断や行動ができる。自分を見失ってしまうから、その時の感情に振り舞わされて間違った判断や行動をすることになる」という意味を表しています。

では、どのようにして「**自分を見失わない**」ようにすればいいのでしょう?

その答えを、禅では「今やっていることに、無心となって、ひたすら集中すること」と説明しているのです。

「食事をする時には、無心となって食事をすることだけに意識を集中する」

「お茶を飲む時には、何も考えずに、お茶を味わうことだけを意識する」

「掃除《そうじ》をする時には、掃除をすることしか考えない」

日常生活の中で、このように「無心で集中する」というトレーニングを積んでいくうちに、「どんなことがあっても自分を見失わない」ということができるようになっていきます。この禅のトレーニング方法を、自分の生活の中で試してみるのも、悲しみを乗り越えるヒントになると思います。

「無心で集中する」トレーニングを積んでいく。

人間は一度枯れても、また花が咲く

大好きな人との恋愛に終止符《しゅうしふ》が打たれてしまう時、当人とすれば大きな悲しみに打ちひしがれることになるでしょう。

恋愛感情が純粋であるほど、その悲しみも深いものになると思います。

人によっては、「もう私の人生は終わりだ」と絶望的になってしまうこともあるかもしれません。

しかし、そこで自分の人生に絶望するようなことはあまり考えないほうがいいと思います。

人間の生命には大きな再生力があります。

一つの恋愛が終わったとしても、時間が経てば、また新しい恋が見つかり、それとともに生きる喜びが生まれます。

また、生きる喜びと同時に、夢や希望が再生します。

絶望的にならない。

「**枯木**《かれき》**再**《ふたた》**び花を生ず**」という禅語があります。

冬になって花や葉っぱを落として枯木となった木も、春になればまた新緑や花をつけて美しく蘇《よみがえ》ります。

この禅語は、「人間も、木が持つような生命の再生力を持っている」と述べていると思います。

悲しい経験をする時には、生きる喜びや、夢や希望を失って自分が枯木になってしまったように思えることがあるかもしれません。しかしそれは一時期のことなのです。

やがてまた生き生きとした生命力が蘇《よみがえ》ってくる時が必ずやって来るのです。

ですから決して絶望的になるのではなく、自分の人生に「**再び花を生ず**」時がやって来るのを静かな心で待っているほうがいいと思います

冬を堪え忍べば、春に花を咲かすことができる

曹洞宗《そうとうしゅう》の開祖である道元《どうげん》が、禅の修行のために宋《そう》（現在の中国）へ留学した時のエピソードです。

その時の道元の師匠だった高僧が、庭の梅の木を指し示しながら、次のように言いました。

「今は冬だから、あの梅の木には一枚の葉もなく、また花も咲いていない。枯れてしまっている。しかし、冬の寒さに堪え忍んでいれば、やがて春がめぐって来る。春になれば、今は枯れているあの梅の枝には、たくさんの花が咲くだろう」と。

その言葉に、道元は強い感動を覚えました。

この言葉は、道元を励ます意味で語られたものなのです。

禅の修行は、たいへんです。まさに泣き出したくなるくらいつらく苦しいものです。

特に道元は、日本という外国からの留学生だったのですから、その苦労はより大きかった

のです。

しかし、**「厳しい修行に堪え忍んでいけば、必ず大きな悟《さと》りを得られる時が来る」**ということを、「冬の寒さに堪え忍んで春に花を咲かせる梅」にたとえて、その禅の師匠は道元を励ましたのです。

実際に道元は、中国留学で大きな悟りを得て日本へ帰国し、曹洞宗を開きました。

そして道元が開いた曹洞宗は、現代でも生き続けているのです。

人生でさまざまな困難にぶつかって、今つらい思いをしている人もいると思います。

涙を流しながら、苦境を堪《た》え忍んでいる人もいると思います。

しかし、その困難と苦境は永遠に続くわけではありません。

冬の時代は終わり、やがて春がめぐって来るでしょう。それを希望にすれば、勇気もわいてくるのではないでしょうか。

「困難と苦境は永遠に続くのではない」と知っておく。

悲しくなったら、天を見上げて自信を取り戻す

かつて坂本九《さかもときゅう》さんが歌った『上を向いて歩こう』の歌詞の中に、「上を向いて歩こう。涙がこぼれないように」というものがあります。

悲しい時、人はつい下を向いてしまいます。

しかし、それでは悲しみの感情に沈みこんでいくばかりでしょう。

悲しい時こそ上を向いて歩くことで、悲しみを乗り越えて元気に生きていく勇気もわいてくると思います。

これに加えて禅の言葉を一つ紹介しておきたいと思います。

「**宇宙に双日《そうじつ》なく、乾坤《けんこん》に只《ただ》一人**」というものです。

「宇宙に双日《そうじつ》なく」とは、「天に太陽は一つしかない」という意味です。

「乾坤」とは、「天と地の間」ということです。

「天に太陽は一つしかないように、天と地の間には自分という人間はただ一人しかいない」という意味です。

この「**ただ一人しかいない自分**」を大切に、またそんな自分に自信を持って生きていきなさいと、この禅語は語っているのです。

涙がこぼれないように上を見上げた時には、その天と地の間には自分という人間は一人しかいないという、この禅語の意味を思い浮かべてみるのもいいと思います。

そして、「そんな自分を大切にしていこう。自信を持っていこう」と、自分自身に語りかけてもいいと思います。

悲しみを乗り越えて、生きていく勇気がわき上がってくるのではないでしょうか。

そして、気持ちが明るく晴れ渡っていくのを実感できると思います。

自分を大切にする。自分に自信を持つ。

千年生きる仏がいれば、一日で死ぬ仏もいる

相手が愛する人であれば、ずっと長生きしてもらいたいと思うのは、当たり前のことでしょう。しかし、世の中には、若くして亡くなってしまう人もいます。

もちろん、その人の身近にいる人たちは、深い悲しみに包まれることになると思います。

しかし、生きている限り、その悲しみを乗り越えていかなければなりません。

禅に次のようなエピソードがあります。

ある禅僧が重い病気にかかって寝こんでしまいました。知人が心配して見舞いに来ました。

その知人が、「早く元気になってください。長生きしてください」と励ますと、病気の禅僧は、

「**日面仏**《にちめんぶつ》**、月面仏**《げつめんぶつ》」と答えました。

仏教の伝説では、「日面仏」と呼ばれる仏は、千百歳の寿命を持つと言われています。また「月面仏」は、一日一夜で死んでしまうと言われています。

この病気の禅僧は、つまり、この日面仏と月面仏の話を持ち出しながら、「人間も長生きする人もいれば、早く死ぬ人もいる。たとえば百歳まで長生きした人は百歳が寿命だった。五十歳で死ぬ人は五十歳が寿命だった。それぞれ生きた年数が違うものの、寿命で死ぬことに変わりはない。

もし私が、今かかっている病気で死んでしまっても、それが私の寿命だった。寿命が来て死ぬのだから、私は思い残すことはない。また、あなた方も私のことで悲しまないでくれ」という意味のことを述べたかったのです。

もし身近な人が若くして亡くなったとしても、この禅僧の言葉に従って考えれば、「寿命で死んだ」と言えるのでしょう。そう考えれば少しは悲しみが和らぐのではないでしょうか。

「あらゆる人は寿命で死ぬ」と知る。

「自分」と「法」を頼りにして生きていく

愛する人が亡くなった後、残された人は「これから私は何を頼りにして生きていけばいいのか」と考えて、とても心細い気持ちになってしまうケースが多いようです。

たとえば、長年連れ添った夫に先立たれた時や、何もかも頼りにしていた妻に先立たれた時、あるいは尊敬していた親が亡くなった時などです。

ここで仏教の話を紹介しておきましょう。

仏教の創始者であるブッダが亡くなろうとしていた時、ブッダの弟子たちがなげき悲しみながら、「あなた様が亡くなられたら、私たちは今後何を頼りにして生きていけばいいでしょうか」と問いかけました。

ブッダは、「一つには、自分自身を頼りに生きていきなさい。もう一つには、法を頼りにして生きていきなさい」と答えました。

このエピソードから、「**自灯明**《じとうみょう》、**法灯明**《ほうとうみょう》」という禅語が生まれました。

「灯明」とは、「夜をともす明かり」のことです。

「この世の中は、真っ暗な闇夜《やみよ》のような世界だが、自分自身と法を明かりにして照らしていけば安心だ」という意味です。

愛する人を亡くして心細い気持ちでいる人も、この禅語ともなっているブッダの言葉を参考にできるのではないでしょうか。

「自分」とは、「**自分の個性、才能、生きがい**」といったものを意味します。

「法」とは、仏教の場合はいわゆる仏法を意味しますが、もう少し広い意味で「**生きる知恵**」といったものとして理解できると思います。

自分の個性と、自分の信念を見失うことがなければ、悲しみを乗り越えていけます。


自分の個性と信念を再確認する。

「災難にあう時には、災難にあえばいい」と腹をくくる

予想もしていなかったような地震などの災難にあって、思いがけない苦難に直面した時、その当事者の心には強い悲しみが生まれます。

しかし、この世にいる限り、その悲しみを乗り越えて生きていかなければならないのも事実だと思います。

ここで江戸時代の禅僧である良寛《りょうかん》のエピソードを紹介しましょう。

良寛が七十一歳の時です。

その当時、良寛が暮らしていた新潟地方で大地震がありました。

その際、良寛は知人への手紙で次のような意味の内容を記しました。

「私は命を落とさずにすみましたが、生き残った身として、大きな被害を受けた村々の様子を見なければならないのですから、本当につらく悲しい思いです。

しかし、思うのですが、災難にあう時には災難にあうしかなく、死ぬ時には死ぬしかありません。

ですから、なげいたり悲しんだりせず、ただ自分の運命に従ってしっかり生きていくしかありません」

災難にあった時、人はつい「どうして自分がこんな目にあわなければならないのか」と、信じられないような気持ちにさせられてしまうものです。

しかし、良寛は、「**それが自分の運命であるのだから、受け入れるしかない**」と述べているのです。

受け入れられないと、いつまでもなげきや悲しみの感情から抜け出せないのです。

受け入れてしまえば、覚悟が定まります。災難を乗り越えていく勇気がわいてきます。そのように良寛は述べていると思います。

目をそむけるのではなく、勇気を持って受け入れる。

「心」と「身体」を同時に働かせて、悩みを解き放つ

曹洞宗《そうとうしゅう》の開祖である道元《どうげん》の言葉に、「**心身脱落**《しんじんだつらく》」というものがあります。

これは「**悟りの境地**」を表した禅語です。

「心と体を一切の悩みから解き放つ」という意味です。

この言葉で特徴的なのは「身」という言葉を用いていることでしょう。

たとえば、悲しみという感情にとらわれているとしましょう。

その時、人は、悲しみを「心の問題」として考えがちです。

しかし、道元の考え方は違うのです。悲しみは「心の問題」であると同時に、「身体の問題」でもあると考えたのです。

確かに、悲しみの感情が強まると、気持ちが沈むだけではなく、身体的な調子が悪くなったり、時には病気になってしまうこともあります。

ですから道元は、「悲しみから自分を解き放つのであれば、心と身体と両方の意味から解き放たなければならない」と言うのです。それが「心身脱落」の意味です。

さらに、「心と身体を悲しみから解き放つためには、心と身体を同時に働かせて行わなければならない」と言います。これも禅独特の考え方です。

つまり、「身体を使って坐禅を行いながら、心を無にする」という方法です。

また、「身体を使って掃除《そうじ》をしながら、心の雑念をも払い清めるように意識する」といったことです。

「心身脱落」を理屈から考えると難しく感じられるかもしれませんが、「座りながら無心となる」「掃除しながら、心をもきれいにする」という方法は、一般の人も日常生活の中で簡単に実践できることだと思います。

掃除をしながら、心をもきれいにする。

「和《わ》・敬《けい》・清《せい》・寂《じゃく》」で、人とつき合う

人間関係でとかくトラブルばかり起こしている人がいます。

ちょっとしたことで周りの人とケンカをして、「もうあなたの顔なんて見たくない。絶交だ」といったことばかり繰り返しています。

このようなタイプの人は、「自分はなんて寂しい人生なんだろう。我ながら悲しい」という気持ちではないでしょうか。

なぜかと言えば、このタイプの人は友だちも少ないでしょうし、信頼できるパートナーもいないからです。

禅の言葉に、「**和敬清寂**《わけいせいじゃく》」というものがあります。

これは室町時代の禅僧である一休《いっきゅう》が、茶人である村田珠光《むらたじゅこう》に「禅の心を、茶会で人をもてなす時に役立ててほしい」という理由で与えた言葉です。

「和」とは、**「相手と仲良くしたいと思う心」**を表します。

「敬」とは、**「相手を尊敬する気持ち」**を表します。

「清」とは、**「清らかな心で、相手に接すること」**を表します。つまり「ウソをついたり、だましたりしない。人に悪意を持たない」ということです。

「寂」とは、**「静かな心で、相手に接する」**ことを表します。つまり「相手に対して怒ったり、いら立ったり、感情を荒立てることなく、静かな心で相手に接すること」です。

この四つのことを心がけることが、禅の心を生かした茶道での人のもてなし方です。

これを心がければ、人とつまらないトラブルを起こして、悲しい思いをしなくてもすむようになるのではないでしょうか。


人とは仲良くつき合っていく。

人を大切にするからこそ、人に救ってもらえる

悲しい経験をした時、そばにいて慰《なぐさ》めたり励ましてくれる人がいると、たいへん心強く感じられるものです。その相手は、友人であったり、妻や夫であったり、肉親であったり、あるいは恩師と呼べるような人でしょう。

そういう人をそばに置いておくためには、ふだんから周りの人たちとの人間関係を大切にしていくことが大事だと思います。ふだん人間関係を大事にしていない人は、自分が悲しい経験をして打ちひしがれた時、慰め励ましてくれる人が誰もいません。

ふだんから人間関係を大切にしている人は、悲しい経験をした時に助けてくれる人が現れるのです。

禅には、「**把手共行**《はしゅきょうこう》」という言葉があります。

「手を取り合って、ともに進んでいく」という意味です。

禅の修行は、基本的に、自分一人で自分の心に向かい合う孤独な作業です。**「自分自身の努力によって、悟りの境地へ到達する」**というのが、禅の考え方です。

しかし、一方で、この禅語にあるように**「みんなで協力していくことも大切だ」**とも教えているのです。

禅の修行は厳しいものですから、途中で心がくじけそうになることも当然あるのです。そんな時、慰めたり励ましてくれる仲間がいることで、くじけそうになった心を支えられることができ、ふたたびやる気を取り戻せるのです。

一般人にとっても、基本的には自分の人生は自分一人の努力で切り開いていかなければなりません。しかし一方で、そばに心の支えとなってくれるような人を持ち、その人と慰め合い励まし合いながら生きていくことは、いい人生を送るために大切なことになると思います。

周りの人たちと慰め励まし合いながら生きていく。

第2章

覚悟を決める

悲しい体験によって、人は人間的に成長していく

悲しい経験をすることが、人の人間性を成長させる、ということがあるのではないでしょうか。

たとえば、「失恋したことで、恋愛の仕方が上手くなった」と、よく言われます。

「愛する人を亡くしたことで、人間性がおだやかになり、他人にやさしくなれるようになった」といった話も聞きます。

その意味では、「悲しい体験をする」ということは、人生にとって必ずしも意味がないことではありません。

むしろ重要な意味を持つものなのではないでしょうか。

禅の言葉に、「**雲去って山嶺《さんれい》露《あら》わる**」というものがあります。

「雲が去ると、山の美しい風景が現れた」という意味です。

この「雲」を「悲しみという感情」に置き換えて、この禅語を理解することもできると思います。

「山嶺」とは、「**ひと回り人間的に成長した自分自身の姿**」として理解するのです。

そうすると、この禅語は、「悲しみという感情が去ると、そこにはひと回り人間的に成長した自分自身の姿がある」という意味を表していると理解することもできるのです。

また、「『悲しみは成長の原動力になる』と肯定的に考えることで、悲しみを乗り越えていくきっかけを得られる」と述べているようにも思えてきます。

悲しいこと、喜ばしいことなど、人が人生で体験するあらゆることを自分自身の人間的成長の力にするというのが、禅に考え方の一つでもあるのです。

たとえネガティブな体験でも肯定的に考えれば成長につながるのです。

悲しい体験を肯定的にとらえる。

「納得できれば悲しみは消える」と知っておく

職場の上司から、厳しい言葉で叱《しか》られる時、その当事者として悔しい気持ちでいっぱいになるのではないでしょうか。

一人きりになってから、「上司は何もわかっていない。なぜ私があんな言われ方をされなければならないんだ」と悔し涙を流した、という経験を持つ人もいるかもしれません。

しかし、そこで感情的な反発心を捨てて、「なぜ自分は叱られたのか」ということについて冷静に考えてみることも大切ではないでしょうか。

そのことが悔しさや悲しみを乗り越える一つのきっかけにもなるからです。

禅の言葉に、「**唯《た》だ人自《ひとみずか》ら肯《うけが》って、乃《すなわ》ち方《まさ》に親しむ**」というものがあります。

「自ら肯《うけが》って」とは、「自分自身、納得することができて」という意味です。

「乃ち方に親しむ」とは、「相手の言ったことに『なるほど』とうなずくことができる」という意味です。

たとえば誰かから厳しく叱られたとします。その当初は、悔しい思いでいっぱいになります。「うるさいことを言うな」と反発もします。

しかし、「こういう理由で私は叱られたのか」ということが納得できると、相手の言葉を「**なるほど、いいことを言ってくれた**」と肯定的に受け入れられるようになるのです。

その時、悔しい思いも、悲しい気持ちも、反発心も心から消えてなくなっている、とこの禅語は述べているのです。

悔し涙を流す前に、相手の言葉の意味をよく考えてみる、というのがコツです。

「なぜ叱られたのか」を、納得できるまで考える。

「たとえ一人にきりになってもやり抜く」という覚悟を持つ

「誰も自分のことを理解してくれない」

「自分がやろうと思っていることに、誰一人協力してくれない」

このような状況の中でがんばっていくことは、その本人にとってつらく悲しいことではないかと思います。

しかし、大きな志《こころざし》を成し遂げるためには、この「誰からも理解も協力も得られない」という悲しみを乗り越えていかなければならないでしょう。

勇気を与えてくれる禅の言葉がありますから、紹介しておきます。

「**独《ひと》り来たり独り去りて、一《いっ》も従う者無し**」というものです。

「人間は一人で生まれてきて、一人で死んでいく。付き従う者は一人としていない」という意味です。

「人間は本来、孤独な存在だ。だから一人きりで物事を進めていくのを悲しむことも、怖れることもない。たとえ一人きりになったとしても、たんたんと突き進んでいけばいい」という意味を表した言葉だと思います。

つまり「**一人でもやり抜く**」という覚悟を持つことが大切だと述べているのです。そして、この覚悟さえあれば、どんなことでも乗り越えていけるということです。

仏教の創始者であるブッダは、「もし、いい指導者やいい仲間がいなかったら、一人になって修行していくほうが自分のためになる」という言葉を残しています。

このブッダの言葉には、「間違った考えを持った指導者や、悪い仲間と一緒に修行をして心を惑わされるくらいなら、一人になって修行していくほうがいい」という意味があります。

ブッダの言葉をこの禅語とあわせて、参考にしてほしいと思います。

「一人になる」ことを悲しむことも、怖れることもない。

他人がどう言おうが、自分らしい生き方を貫《つらぬ》く

自分が「楽しい」と思ってやっていることを、他人から「そんなことやっていて、何が楽しいの?」と、イヤミな言い方をされるのは、その本人にとっては悲しい体験だと思います。

自分が「これは有意義なことだ」と信じてやっていることを、他人から「そんなことやっていても、ぜんぜん意味がないじゃない」と否定されることは、その本人にとっては悲しい経験だと思います。

しかし、自分自身が「楽しい」と実感し、「有意義だ」と信念を持ってやっていることならば、他人がどう言おうが続けていくことが、自分自身の「充実した人生」のためにはいいことなのではないでしょうか。

まさに禅の教えが、そのような考え方に立っているのです。

禅の言葉に、「**人間《じんかん》の是と非とを截断《せつだん》して、白雲《はくうん》深き処《ところ》柴扉《さいひ》を掩《おお》う**」というものがあります。

これは「世間一般の人たちが『これはいい』だとか『これは悪い』と言うことなど気にすることなく、白い雲がかかる山深き場所で自分らしい暮らしをするのがいい」という意味を表しています。

禅の言葉ですから「雲のかかる山深い場所」と言っていますが、一般人は何もそんな遠くまで行く必要はありません。

都心で暮らしていてもいいのです。大切なのは「**人の言うことを気にせず、自分らしい生き方をする**」ということでしょう。

それさえ忘れずにいれば、他人からイヤミを言われたり、否定的なことを言われて悲しい思いをしたとしても、その悲しみを乗り越えていけるのではないでしょうか。

自分らしい生き方をするほうが人生で後悔は少ないと思います。

他人が言う言葉に左右されない。

「好き嫌い」を捨てて生きれば、心が楽になる

「嫌いな人と一緒にいなければならない」「嫌いな仕事をやらされる」「嫌いなことにつき合わされる」

このような体験をすることは、その本人にとって、泣きたくなるくらい悲しいことに違いありません。

しかし、現実には、嫌いな人と協力して何かしなければならないケースはたくさんあります。

嫌いな仕事であっても、それが上司からの命令であれば、やらざるを得ないでしょう。

ゴルフは嫌いだという人でも、偉い人から「つき合え」と言われたら、断れないという場合もあるかもしれません。

結局、人生では「嫌いなこと」を１００％避けては通れないのです。

禅の問答に次のようなものがありますから、参考にしてほしいと思います。

無心になって、好き嫌いを捨てる。

ある禅の修行者が、禅の師匠に、「悟りを得るためには、どうすればいいですか」と問いました。それに対して、その師匠は、「悟りを得ることは難しいことではない。ただ『好き嫌い』という感情を捨て去ればいいだけだ」と答えました。

「好き嫌い」という感情は、本来、誰にでもあるものだと思います。

しかし、一方で、この好き嫌いの感情によって心を乱されることも多いのです。嫌いなことには、誰でも反発心を感じてしまうからです。

「ならば好き嫌いなど捨ててしまったほうがいい」というのが、禅の考え方です。

つまり「好き嫌いを言うのではなく、やらなければならないことは無心でたんたんと進めていく」ということです。

禅が教える「無心で生きる」ということが、好き嫌いを乗り越えるヒントになります。

植物の持つ強い生命力に学んで生きていく

「いい環境に恵まれない」ということは、大きな悲しみになります。

現在、実業家として成功している男性がいます。

彼は子供時代、とても貧しい家に育ちました。

勉強が好きだった彼は、「一生懸命学んで、いい成績を残して、いい学校へ進みたい」という強い意欲を持っていました。

そのためにも、「いい塾へ通いたい」「いい参考書をたくさん揃《そろ》えたい」という気持ちがありました。

しかし、家が貧しかったために、親は必要なお金を出してはくれませんでした。

しかも、狭い家に両親と兄弟三人で暮らしていたので、うるさくてしょうがありません。

家の中も、勉強に集中できる環境ではありませんでした。

子供の頃は、そのような家庭環境が悲しく思えて仕方なかったと言います。

それでも彼はがんばって勉強し、いい大学まで進学し、卒業後は実業家として成功しました。

つまり、強い志《こころざし》さえあれば、悲しみを乗り越えていける、ということなのでしょう。

禅語に、「**石圧《いしあっ》して筍《たかんな》斜めに出で、岸に懸《か》かって花倒《はなさかしま》に生ず**」というものがあります。「竹の子は、たとえ大きな石で押さえつけられていたとしても、斜めに伸びていって地表へ芽を出そうとする。また崖《がけ》に育つ植物は、逆《さか》さまに花を咲かせてまで生き延びようとしている」という意味です。

どんなに悪い環境であっても、植物は必死になって生きていこうとがんばります。その生命力の強さを、人間も見習うほうがいい、とこの禅語は述べているのです。

まさにこの実業家になった男性は、そんな強い生命力の持ち主だったのでしょう。


「志があれば、悲しみは乗り越えられる」と知る。

九度やってダメだったら、十度目に挑戦すればいい

ある女性は、「シナリオライターになりたい」という夢を持っていました。

この夢を叶えるために、脚本家になるための専門学校に通い、テレビ局や映画会社が主催する公募《こうぼ》に自分の書いたドラマや映画のシナリオを何度も送っていました。公募で採用されれば、自分が書いたシナリオが実際にドラマ化、映画化されます。それはプロのシナリオライターになるための足掛かりになるのです。

しかし、何度送っても、落選ばかりだったのです。

最近、彼女は、「私は才能がないのかもしれない。もうあきらめるほうがいいのかもしれない」と、なげき悲しんでいます。

ここで禅語を一つ紹介しておきましょう。

「**十たび朱門《しゅもん》に謁《えっ》して九たび開かず、満身の風雪《ふうせつ》又《ま》た帰り来たる**」というものです。

何の目的があったのか禅語には書かれてはいませんが、何か頼み事があってある人の家を訪れていたのでしょう。

「しかし、十度訪問したが、九度は家の門を開いてもくれなかった。その度に、雪が降りしきる中、寒い思いをして自分の家に帰るしかなかった」と言っているのです。

つまり「十度目の訪問で、やっと門を開き会ってくれた」のです。

この禅語は、そこから、「人生では、一度でうまくいくことなどない。何度も挫折を繰り返しながら、それでも心を乱すことなく、無心でたんたんと努力を続けていくことで、やっと思いが叶《かな》う時がやってくる。だから、その時が来るまで、あきらめてはいけない」という意味を述べているのです。

もちろん「あきらめるか、あきらめないか」は、本人の判断です。ただ、この禅語に従って、「**もう少しがんばってみようか**」と考えてもいいと思います。

挫折に心を乱さない。無心になって努力を続ける。

失敗することを心配するから、かえって失敗を招く

日本の南北朝時代の武将に、楠木正成《くすのきまさしげ》がいます。

この正成は、坐禅に熱心だったことでもよく知られています。

正成が大きな戦《いくさ》に出陣する時のことです。

正成は禅の師匠である禅僧のもとへ行って、

「生きるか死ぬかという状況に追いこまれた時、どう考えればいいですか」と尋ねました。

すると、その禅の師匠は、「武士なのだから、戦で死ぬこともあるのは当たり前のことではないか。生死のことなど考えなくていい。**無心となれ**」と答えました。

正成はこの禅の師匠の言葉に心が定まりました。

ビジネスマンには、「仕事で成功すればうれしいが、もし失敗したらどうしよう。降格させられるかもしれない。給料が下がるかもしれない。左遷《させん》になるかもしれない。そうなった

ら悲しい」と心配する人がいます。

この禅のエピソードに従って仕事について考えれば、「ビジネスマンが仕事で失敗することもあるのは当たり前のこと。だから成功する、失敗することなど考えずに無心になって働くのがいい」ということになるのかもしれません。

仕事に失敗はつきものです。一つの失敗もせずに、仕事を進めていくことなど不可能でしょう。それは当たり前のことなのです。

ですから、「失敗したらどうしよう」などといったことを心配する必要はないのです。そんな心配のために平常心を失い、かえって失敗を招く、ということにもなりかねません。

そんなことに惑《まど》わされることなく、無心になって働いてこそ、いい成果にもつながるのではないでしょうか。

無心の境地となって仕事を進める。

「修行は一生続くものだ」と心得て生きていくのがいい

ある大手の会社で営業担当の部長を務めていた男性がいます。

その部長は、子会社に社長として出向することになりました。しかしながら、社長とは言っても、小さな会社なので社長みずから外回りしてお客さんから注文を取ってこなければなりません。大きな会社の部長であった頃は、外回りの仕事はすべて部下に任せ、自分はずっと社内にいてマネージメント業務に従事していました。肩書は部長から社長になったものの、仕事の内容という意味では降格されたのと同じなのです。しかも彼はもう五十歳を過ぎています。「この年で、なんでまた外回りなんてしなければならないんだ」と、彼はなげき悲しんでいます。

禅に、次のようなエピソードがあります。

ある日、位《くらい》の高い禅僧が庭掃除をしていました。

それを見つけた弟子が、びっくりして「庭掃除は私がやります。お師匠様はどうぞお休みください」と言いました。

その弟子に向かって、その師匠は、「**おまえに掃除をやらせたら、私の修行ではなくなるではないか**」と諭《さと》しました。

禅の修行は一生続くものです。偉くなったから修行をやめていい、というものではありません。また悟りを得たからといって修行をやめていい、というものでもありません。偉くなろうが悟りを得ようが、一生修行なのです。それが禅の考え方です。

この禅の考え方に従えば、営業担当のサラリーマンにとっても「外回りは定年退職するまで続くもの」なのではないでしょうか。外回りしてお客さんから注文を取ってくるという仕事は、ビジネスの基本だと思います。ですから、本来は、偉くなったからといって部下任せにすればいい、というものではないはずです。「私はビジネスの基本に返った」と考えれば、少しは気持ちが和らぐのではないでしょうか。

「偉くなったら修行をやめていい」というものではない。

「便所のちり紙のような仏」を信じ、なおも修行を続ける

禅の問答に次のようなものがあります。

禅の修行者が、師匠に、「仏《ほとけ》とは、どのようなものなのですか」と問いかけました。それに答えて、その師匠は、「仏など、便所で用を足した後に尻《しり》を拭《ふ》くちり紙のようなものだ」と答えました。

その修行者はビックリしてしまいました。「仏とはすばらしい存在だ。朝日のように輝き、晴れた空のように澄み渡り、山のように雄大で、海のように深い存在だ」といったような、仏をほめたたえる言葉を期待していたのです。にもかかわらず、その師匠の口から出た言葉は、なんと「**便所のちり紙**」だったのです。

では、この師匠は、いったい何を伝えたかったのでしょうか。

じつは、この師匠は、その修行者の信念の力を試したのです。

あえて「仏など便所のちり紙だ」と言うことで、「それでもなお、おまえは仏を信じて一生懸命に修行を続けることができるか」と質問したのです。

そこで、「そんな仏に信仰を捧げることなどできない」と修行をやめてしまったら、その修行者の信念はたいしたものではなかった、という証明になります。

一方で、仏は便所のちり紙のようなものだと知っても、それでも仏を信じ修行を続けられる人物であったなら、その人の信念はそれほど強いものだとわかります。

自分が信念を持ってやっていることを、周りの人たちから「くだらない」だとか「つまらない」と批判されることがあります。

そのような批判を受ければ、当事者とすればもちろん悲しい気持ちでしょう。しかし、たとえ「くだらない」「つまらない」ことであっても、自分の信念を貫いていける人が本物なのです。それが禅の考え方ともいえるでしょう。

「くだらない」「つまらない」と言われても、動じない。

「他人の仏」と「自分の仏」は異なるものと心得ておく

人は「上手くいっている人」の真似《まね》をしたがるものです。

「仕事で成功したい」と願っている人は、実際の成功者の仕事のやり方を真似《まね》ようとします。

「恋愛上手になりたい」と思う人は、たくさんの異性にモテる人のやっていることを真似ようとします。

しかし、そんな「上手くいっている人」の真似をしたところで、自分も上手くいくとは限りません。

むしろ失敗してしまうことが多いのではないのでしょうか。

そして、上手くいっている人と、上手くいかない自分とを見比べて「私はダメ人間だ」となげき悲しむことになるのです。

下手に真似をしようと思わないほうがいいと思います。

禅の言葉に、「**長者《ちょうじゃ》は長法身《ちょうほっしん》、短者《たんじゃ》は短法身《たんほっしん》**」というものがあります。

「背の高い人は、背の高い人ならではの仏を頼りにせよ。背が低い人は、背が低い人ならではの仏を頼りにせよ」という意味です。

つまり「**人それぞれ、自分に合った仏がいる**」ということです。

この禅語は、「悟りを得た修行者を真似たところで、あなたも悟りを得られるわけではない。あなたにはあなたならではの修行の方法があるはずだから、それを自分の努力で見つけ出していくのがいい」と述べているのです。

「仕事で成功する」のも「恋愛上手になる」のも同じことです。

「自分に合った方法」で実践するから上手くいくのです。その「自分に合った方法」は、自分自身で探し出していくしかありません。

上手くいっている人の真似をしようと思わない。

第3章

無心になって生きる

何もせず、何も考えず、ただ座っているだけでいい

禅では、「人間の苦しみや悲しみといった感情は、何かに執着《しゅうちゃく》することから生じる」と考えます。

ですから禅では、「その執着を捨てられた時、初めて苦しみや悲しみから解放されて、安らぎの境地に入っていくことができる」と考えるのです。

この「執着を捨てる」ための実践的な方法が坐禅《ざぜん》です。

曹洞宗《そうとうしゅう》の開祖である道元《どうげん》は、「**只管打坐**《しかんたざ》」という言葉を用いました。

この言葉には、「何もせず、何も考えず、ただ座っている。余計なことは考えずに、ただ座ることだけに意識を集中する」ということを表します。

この「只管打坐」を日々実践することで、心が執着から離れて深い安らぎを実感できるようになるというのです。

現代人も、日常生活の中で、この「只管打坐」を取り入れてみるのもいいと思います。

とくに、「苦しみや悲しみといった感情に振り回されてしまうことが多い」という自覚症状がある人には、心の安らぎを得るために有効だと思います。

坐禅をしているその時だけは「仕事で成功したい」「もっと幸せになりたい」「お金儲《もう》けをしたい」といった執着心を一切捨て去るのです。

そして、「**何もしない。何も考えない。ただ座っている**」という「只管打坐」を実践するのです。

一日の中で、短い時間でかまいませんから、この「只管打坐」を毎日続けていくことで、あまり苦しみや悲しみといった感情に振り回されることもなくなっていくと思います。

執着から心を解放する時間を作る。

「良かったか、悪かったか」など考えなくていい

人は過去に自分をしたことについて、「あの時の私の判断は良かったのか、悪かったのか」「私の取った行動は、私の人生に良かったか、悪かったのか」といったことで悩みます。

しかし、「良かったか悪かったかなどについて考えるのは、心の迷いを作り出すだけで何の意味もない」と考えるのが、禅の人生観です。

たとえば、ある人が結婚したけど、今その結婚生活に満足できず、悲しい思いをしながら暮らしているとしましょう。

そんな人は、「あの人との結婚を決断し、実際に結婚してしまったことは、私の人生に良かったのか悪かったのか」と思い悩む日々だと思います。

しかし、「そんなふうに悲しんだり、思い悩んでいたりしていてもしょうがない」と考え、それよりも、「より良い人生のために実践的に生きる」というのが禅なのです。

つまり、今の結婚生活に満足できないのであれば、「ではどうすれば幸せな結婚生活ができるかを考え、相手とよく話し合い、思いついたことを実践していく」ことです。

もしどうしても相手の協力が得られない場合には、「相手と別れて、新しい人生に向かって前向きに生きていく」という方法もあるかもしれません。

とにかく「ウジウジ思い悩んでばかりいて何もしない、というのが一番悪い」のです。

「**可**《か》**もなく不**《ふ》**可**《か》**もなし**」という禅語があります。「『良かったか、悪かったか』など問題ではない。より良い人生にむかって努力していくだけだ」という意味です。

これは禅の実践主義を表した言葉です。

思い悩むよりも、行動で問題を解決する。

あれこれ想像するのをやめれば、覚悟が決まる

日本の歴史に次のようなエピソードがあります。

鎌倉時代のことです。

当時、中国大陸を支配していたモンゴル帝国の軍勢が大船団をひきいて日本に攻めて来ました。いわゆる蒙古襲来《もうこしゅうらい》です。

その時の鎌倉幕府の支配者は、北条時宗《ほうじょうときむね》でした。

当時、モンゴル帝国は世界最強の軍団だと言われていましたから、もしかしたら日本は攻め滅ぼされてしまう結果になるかもしれなかったのです。

窮地に立たされて思い悩んだ時宗は、中国から招いていた無学祖元《むがくそげん》という禅僧に胸の内を相談しました。

すると無学祖元は、「**莫妄想**《まくもうそう》」という禅語をアドバイスしたと言います。

「莫妄想」とは、「**あれこれ妄想《もうそう》することをやめる**」という意味です。

つまり、「もしモンゴル帝国に戦争で負けたらどうしよう」「日本をモンゴル帝国に支配されることになったらどうすればいいんだ」といったことを考えるな、ということです。

実際にまだモンゴル帝国に負けたわけでも、支配されたわけでもないのです。実際には起こっていない先々のことを、「ああなったら、こうなったら」と考えることは、妄想にすぎないから、考えたら考えるだけ心を惑わされることになるということです。ですから無学祖元は、「そんな妄想は捨て、今できることに万全を期《き》すのがいい」と諭《さと》したのです。

今、人生の窮地に立たされて、まさに泣き出したいくらい思い悩んでいる人には、参考になる話ではないでしょうか。


あれこれ考えるよりも、今できることをする。

考えても答えが出ないことは、考えないことにする

「自分がなぜこんなミジメな目にあわなければならないのか」と、なげき悲しんでいる人がいます。

その理由がわかれば、ある意味、納得できるのです。

しかし現実には、まったく理由がわからないのにミジメな思いをさせられている人もたくさんいます。

「仕事でミスをしたわけではない。実績を落としたのでもない。なのに給料を下げられた」

「何も悪いことなんてしていない。恋人のために一生懸命尽くしてきた。なのに恋人から『別れてほしい』と言われた」

ここで禅問答の一つを紹介しましょう。

ある禅の師匠が弟子に問いかけました。

「両手を打ち合わせれば、パンと音がする。では片手では、どんな音がするのか？」

弟子は答えが出ません。片手をいくら動かしても、音など出るわけがないからです。

この問答には、じつは「**人生には『いくら考えても答えが出ないこと』がたくさんある**」ということを弟子に教える意味があるのです。

そして、「考えても答えが出ないことを考え続けることは、心の迷いを作り出す。だから、もう考えるな。答えを出すのをあきらめて、これから先どう生きていくかということに意識を切り替えるほうがいい」という考えを述べているのです。

「給料が下がった理由」「恋人にふられた理由」をいくら考えてもわからない場合には、もう答えを出すのをあきらめて、「今後どのように生きていくか」という問題に意識を切り替えるほうがいいのかもしれません。

答えを出すことよりも、どう生きるかを優先する。

「ものの真実は言葉では説明できないものだ」と知っておく

ある若い男性は、一人前の宮大工になる希望を胸に抱き、今ある師匠のもとで修業をしています。

彼とすれば早く仕事を覚えて一人前になりたいという気持ちが強くあります。

しかし、師匠は「仕事のやり方は、見て覚えろ」と言うばかりで、具体的に「こうすれば上手くいく。この方法で早く上達する」といったことは一切教えてくれません。

具体的な仕事のノウハウを教えてくれない師匠に対して、彼は「それは私が期待されていないからなのだろうか」と悲しい気持ちにさせられてしまうと言います。

宮大工に限らず、いわゆる職人の師匠には、「仕事は見て覚えろ」と言って具体的なことは教えてくれないタイプが多いようです。しかし、それは必ずしも「弟子に期待していないから」という理由ではないと思います。

禅の言葉に、「**説**《と》**いて一物**《いちぶつ》**に似たるも、即**《すなわ》**ち中**《あ》**たらず**」というものがあります。

これは「**どう説明しても、真実は説明しきれるものではない**」という意味です。

たとえば、禅の師匠が弟子に「悟りとはどういうものか。どうすれば悟りを得られるのか」ということを説明しようとした場合、どんなに言葉を尽くして説明しても、悟りの真実は説明しきれるものではないのです。

結局、悟りは、修行者が自分なりの修行を通して、自分なりに知るしかないのです。

ですから一般的に、禅の師匠は弟子に、悟りについて具体的には説明しません。自分が修行している姿を見せ、後は弟子に自分で学ばせるのです。

おそらく「職人の仕事のコツ」も同じことだと思います。つまり「説明できないもの」なのです。ですから師匠も「見て覚えろ」としか言いようがないのです。弟子としては「後は自分の努力次第だ」と覚悟を決めるしかないと思います。

「見て覚える」と覚悟を決める。

ただ生きることだけを楽しめるようになれば、心が定まる

「一生懸命になって働いてきたのに、望んでいた収入を得られない。思っていたような昇進ができない」と、嘆き悲しんでいる人がいます。

確かに、人は誰でも「がんばった分だけ見返りがほしい」と思うものかもしれません。しかし、残念ながら世の中では、希望した通りの見返りが得られない場合も少なくないようです。その時、当事者とすれば強い不満や悲しみの感情にとらわれるのも仕方ないのかもしれません。

しかし、禅の世界では、また違った角度からこの人生を考えます。

こんな話があります。ある禅の修行者が一生懸命に坐禅をしていました。

そこへ師匠がやって来て、「おまえは何のために坐禅をしている？」と問いました。その修行者は、「悟りを得るためです」と答えました。

すると、その師匠が、そばに落ちていた屋根瓦《やねがわら》をゴシゴシとみがき始めました。その修行者が「何をしているのですか」と問うと、その師匠は「みがいて鏡を作る」と答えました。瓦をいくらみがいても鏡になるはずなどありません。その師匠は、暗に**「瓦をみがいても鏡にならないように、いくら坐禅をしてところで悟りなど得られない」**と教えたのです。

もう少し説明を加えると、こういうことです。「悟りを得たい」という思いからいくら坐禅をしたところで、悟りは得られません。何も求めず「ただ座っているだけでいい」という思いに至ってこそ、悟りが得られるのです。それが禅の考え方です。

一般のサラリーマンもむやみに見返りを求めることなく、「ただ働いていることが楽しい」と思えるようになった時、初めて不満や悲しみに惑わされることなく、動じない心で生きていける、ということなのかもしれません。

むやみに見返りを求めない。

無心になって生きるほうが、魅力が増す

「みんなから好かれたいのに、周りの人たちは私に冷たい態度を取る」と、なげき悲しむ人がいます。

「人から好かれたい」という思いは、誰も持っている感情だと思います。

一方で、この「好かれたい」という思いが十分に満たされない人もまた数多くいるのではないでしょうか。

禅語に、「**花は無心にして蝶《ちょう》を招く**」というものがあります。

この禅語は、人間関係について述べられたものだと思います。

野に咲く花は、昆虫のチョウチョウに「好かれたい」という思いを持っているわけではありません。

花は「無心」で咲いているのです。

しかし、チョウチョウはそんな花を慕《した》って、花に集まってきます。むしろ無心でいることによって、花の魅力は増し、チョウチョウを引きつけるのです。

人間も同じで、「好かれたい」という思いにこだわるよりも、むしろ無心になって自分の魅力を輝かせる生き方をするほうがいいのです。

そうすれば自然とたくさんの人が、その人を慕って集まってきます。

「もっと好かれたい」「どうしたら好かれるだろう」「どうして私は好かれないのだろう」という考えは、禅の考え方に従えば、すべて心を惑わす雑念なのです。

雑念にとらわれている限り、その人の魅力は輝きません。

雑念を捨て去って無心となった時、その人が本来持っている魅力が、まさに花のような美しさで輝き始めるのです。


「好かれたい」という雑念を捨てる。

「用心は大切だが、疑いは支障になる」と知る

禅に次のようなエピソードがあります。ある禅の修行者が、師匠のもとを訪ねて、「悟りとはどういうものか教えてください」と頼みました。

その師匠は、「おまえは私の言うことを信頼するか」と問い返しました。その修行者は、「あなたの言うことを聞いてからでなければわかりません。あなたの話がもし真実であれば信頼します。しかし、間違いであれば信頼しません」と言いました。

その答えを聞いて、その師匠は、「おまえは人間不信におちいった悲しい人間のようだ。結局は何を言っても、おまえは私の言うことを信頼しないだろう。というのは、おまえは相手の言うことを聞く前から、相手に対する疑いの気持ちを持っているからだ。たとえれば、目の中にゴミが入っている状態では、目に見えるものがどんなもので歪《ゆが》んでしまう。それと同じだ」と言いました。

この師匠の言葉にある「目のゴミ」とは、「相手を疑う気持ち」を意味します。

「**その目のゴミ、つまり疑いを捨てて相手を見て、また相手の話を無心になって聞かなければ、かえって真実が見えなくなる**」と、この禅の師匠は教えたのです。

もちろん、この世界には、いい人ばかりいるわけではありません。悪いことを考えている人もいるでしょう。ですから、人とつき合う時には用心も大切になります。

しかし、「この人はウソを言っているのではないか」「この人は私をだまそうとしているのではないか」という疑いが強くなりすぎると、これはこれで人間関係が上手くいかなくなってしまいます。それこそ、この禅の師匠が言うように「人間不信におちいった悲しい人間」になってしまいます。

用心は大切ですが、疑いは人間関係に悪い影響を与えるということです。

まずは人を見抜く能力を身につけることが大切です。

無心になって人の話を聞く。

相手の心が揺れているのではなく、自分の心が揺れている

ある女性が、「彼氏が、このまま私と交際を続けていっていいかどうか迷っている様子だ。私への愛情が薄らいでしまったようだ」と、なげき悲しんでいました。

しかし、それは彼女の「思いこみ」に過ぎませんでした。

彼女の恋人は、彼女との交際を迷ってなどいませんでした。ずっと彼女のことが好きでした。これからもずっと仲良くしていきたいと考えていました。

彼女への愛情が薄らいだわけではなかったのです。

にもかかわらず、彼女は「彼は迷っている」と思いこんで、自分で作りあげた悲しみにみずからはまりこんでいたのです。

このように、彼女に限らず、自分の勝手な思いこみによって悲しみの感情にはまりこむケースが少なくはないように思います。

禅の言葉に、**「風に非《あら》ず。幡《はた》に非ず。仁者が心動《しんどう》す」**というものがあります。

「幡」とは「旗」、「仁者」とは「それを見ている人」を意味します。

「風が吹くのではない。旗が揺れているのではない。それを見ている人の心が揺れている」

という意味です。

この女性のケースに即して説明すれば、「風」と「旗」は、「恋人の心」を表します。

つまり、この禅語は、「彼氏の心が迷いで揺れ動いているのではない。彼女自身の心が思いこみから揺れている」という意味を表しているのです。

大切なのは、自分の思いがたんなる「思いこみ」であると、みずから気づくことでしょう。

そして、自分の気持ちを落ち着けて、その思いこみを消し去ることです。

そうすれば悲しみも去っていきます。

「それは思いこみにすぎない」と気づく。

揺れ動く影に惑わされない、強い心を育てる

もし周りの人たちが、自分が知らないところで、自分の陰口をヒソヒソと言い合っていると気づいたら、その本人とすれば非常に悲しい気持ちにさせられるに違いありません。それが原因で人間不信におちいって、家に閉じこもった生活を送るようになってしまうかもしれません。

しかし、周りの人がささやく陰口など気にすることなどないと思います。と言うよりも、陰口など気にしない強い不動心をみずからの心の中に育てていくように心がけるほうがいいと思います。

そうでないと、この人生をたくましく生き抜いていくことはできません。

禅のエピソードに次のようなものがあります。

ある禅の修行者が寺の階段を掃除していました。

風があるらしく、階段に落ちた竹林の影が盛んに揺れ動いています。

しかし、よく見てみると、竹林の影が揺れ動いているものの、階段に落ちている塵《ちり》（ごみの意味）はまったく動いていません。

その修行者は、それを見て悟りました。「揺れ動く影」は、いわば「自分に関する陰口」です。「まったく動かない塵」は「自分自身」です。

その修行者は、「**周りの人たちからとやかく陰口を言われたとしても、自分自身は、あの塵のように、心を動かしてはいけない。そんなことぐらいで動揺していたら、禅の修行を続けていけない**」と悟りました。

人から陰口を言われて悲しい思いをしている人がいたならば、この禅の修行者のエピソードが参考になるのではないでしょうか。

どんなことにも動じない強い心を育てていくことが大切です。

陰口を言われることなど気にすることはない。

第4章

自分自身を信じる

「自分の個性を丸ごとぶつけていけばいい」と知る

ある若手社員は、とても個性的なアイディアの持ち主です。

しかし、上司には好意的には受け取られていないと言います。

彼が企画書を提出すると、「非常識すぎる。もっと常識にのっとってものを考えてくれ」と叱《しか》られるそうです。

そのたびに、この若手社員は、「自分の考え方には、そんなに常識がないのだろうか」と、悲しい気持ちにさせられる、と言います。

しかし、「常識」という言葉にあまり惑わされることはないと思います。

あくまでも自分の個性を大切にしていくほうがいいのではないでしょうか。

また、それが禅の考え方に通じる生き方にもつながります。

禅の言葉に、「**大用現前《たいようげんぜん》、軌則《きそく》を存せず**」というものがあります。

「常識」という言葉に惑わされない。

「大用現前」とは、「大切なことを成し遂げようという時」「重要な使命が目の前に迫っている時」といった意味に理解できると思います。

「軌則」とは、いわゆる「常識」のことです。

つまり、「**常識といったものにとらわれていたら、大切なことは成し遂げられない**」と言っているのです。

常識などにとらわれず、真正面から自分の個性を丸ごとぶつけていく覚悟を持たなければ、重要な使命は果たせない、ということです。

確かに世間には「非常識だ。常識がない」といった言い方で、人を非難する人がいます。

しかし、そんな言葉に惑わされることなく突き進んでいく覚悟を持たなければ、重要な使命は果たせないのかもしれません。

信念が、悲しい体験を乗り越える杖《つえ》になる

人にとって「信念を持って生きていく」ということは、とても大切なことだと思います。悲しい経験、つらい体験をする時、強い信念があれば、どうにか乗り越えていくこともできるでしょう。

しかし、信念を持っていない人は、そこでヘナヘナと倒れこんだまま立ち直れなくなってしまうのではないでしょうか。

禅の言葉に、「**扶《たす》けては断橋《だんきょう》の水を過ぎ、伴っては無月《むげつ》の村に帰る**」というものがあります。この言葉は、禅僧が修行の旅に出る際に手に持っていく杖《つえ》を讃《たた》える言葉として述べられたものです。

つまり、「禅僧が持つ杖はなんと素晴らしいことか。この杖があれば、橋のない川を渡って行く時の助けになるし、月のない夜道を歩いて行く時にも大いに役立つ」と述べているの

です。

さらにこの禅語には、人生についての教えもあります。

「杖」とは、「信念」を表しています。

「橋のない川を渡る」「月のない夜道を歩く」というのは、人生の途上で経験するさまざまな「悲しい経験やつらい体験」を意味しています。

つまり、**「信念（杖）を持つことが、悲しい経験を乗り越えていく助けとなり、つらい体験を乗り越えていく時に役立つ**」と述べているのです。

「私はこれを信じる」

「絶対にやり遂げる」

「これが私の生き方だ」

このような信念の力が、悲しみや苦難を乗り越える力となってくれるのです。

強い信念を持って生きていく。

一つの行為に全力で集中するから、上手くいく

禅の言葉に、「一行三昧《いちぎょうざんまい》」というものがあります。

「一行」とは、「一つのことを行う」という意味です。

「三昧」とは、「雑念を払い、そのことだけに集中する」ということです。

この「一行三昧」を心がけてこそ、物事は上手くいくと、禅は教えるのです。

たとえば、野球選手が、ここ一番の大切な場面でバッターボックスに入ったとしましょう。

「ここでヒットやホームランを打ったら、ヒーローになれる」

「ここで活躍したらスポーツ新聞の一面を飾れる」

「来年度の年俸《ねんぽう》もアップするかもしれないぞ」

バッターボックスに入ってから、このようにバッティングに関係ないことを思い浮かべてしまうのが雑念です。

禅は、「**このような雑念に心をとらわれると、上手くいくものも上手くいかない**」と考えます。「ヒーローになれる」などと思いながら、実際には凡打に終わってチャンスを潰《つぶ》し、ファンから非難を浴びて悲しい思いをする、ということにもなりかねないのです。

ですから、「バッターボックスに入ったら雑念を払い、バッドのひと振りに集中するのがいい」と、禅は教えるのです。

一般の職場でも、「この仕事で成功すればウハウハの生活ができると喜んでいたのに、結局は大失敗しウハウハどころか悲惨な生活を送っている」と悲しんでいる人もいるかもしれません。

そこで「一行三昧」という禅の考え方を参考にしてほしいと思います。

大事な場面では、雑念を払う。

才能は、自分で「ある」と気づいて生かされる

「私には何の才能もない。長所と呼べるようなものは何一つない」と、なげき悲しんでいる人がいます。しかし、「才能がない」「長所がない」というのは、本当は「ある」のに自分で「ない」と思いこんでいるだけなのかもしれません。

「ない」と思いこんでいる限り、いくら才能や長所があっても、それは生かされません。「ある」と気づいて、才能や長所は生かされるものと思います。

禅の話に次のようなエピソードがあります。

ある貧乏な男が、金持ちの友人を訪ねて、その夜、泊めてもらうことになりました。

その金持ちの友人は貧乏な男をかわいそうに思って、その男が寝ている間に「それを持っていると、お金に困らず暮らしていける」という効力を発揮する、明珠《みょうじゅ》と呼ばれる魔法の宝石を、その男の着物の裏に縫《ぬ》いつけてやりました。

その後、金持ちの友人が街を歩いていると、着物の裏に魔法の宝石を縫いつけてやった貧乏な男が、いまだに貧乏な恰好《かっこう》をして歩いていました。

驚いた金持ちの友人は、その男を呼び止めて「君の着物の裏に明珠を縫いつけてやったのに、なぜ君はまだ貧乏をしているのか？」と問いかけました。

その貧しい男は自分の着物の裏を探してみると、確かに明珠がありました。それに気づいて以来、その男は不自由せずに暮らしていけるだけのお金を得られるようになりました。

このエピソードに出てくる「明珠」は、「才能や長所」を意味すると理解することもできると思います。つまり、このエピソードは「せっかく才能や長所を持っていても、自分がそれに気づかない限り生かされない」という意味を表しているのです。**自分自身をよく見つめ直して、自分が持っている才能や長所に気づくことが大切です。**

自分の中に隠れている才能や長所に気づく。

一番を目指すよりも、唯一《ゆいっ》の存在になる

テストの成績で、あるいは仕事での営業成績で、「一番になれなかった」と悔しがっている人がいます。

「涙が出てくるほど悔しい」と言うのです。

その人たちは、それだけ競争意識が強い証《あかし》なのでしょう。

しかし、人生にとって「一番になること」はそれほど大切なことなのでしょうか。

もちろん向上心を持って、より自分を成長させたいという意識を持つことは大切だと思います。

しかし、必ずしも一番になることにこだわる必要はないと思います。

一番になることにこだわりすぎると、それがストレスとなって精神的な悲しみや苦しみを作り出す原因になる場合もあるからです。

「**一番になるよりも、唯一《ゆいつ》の存在になることを目指す**」というのが、禅の考え方です。

「一番先に悟りを得たい」「一番偉い人になりたい」といった気持ちは、心に迷いを生み出します。ですから禅では、それよりも「唯一の存在になること」を優先します。

「唯一の存在になる」とは、「他人と自分とを比べて自分のことを考えるのではなく、自分が本来持って生まれた性格や才能を大切にして生きる」ということです。

もっと簡単に言えば、「自分ならではは人生を大切にする」ということです。英語で言うなら、ナンバーワンよりもオンリーワンになることを目指す、ということです。

ライバルとの競争にあくせくして生きて、「一番になれた、なれなかった」ということで喜んだり落ちこんだりしながら生きていくよりも、禅の考え方に従って自分ならではの人生を大切にすることを心がけるほうが、安らかに生きていけるのではないでしょうか。


「自分らしく生きることが幸せ」と考える。

人はそれぞれ「自分ならではの花」を持っている

禅のエピソードに次のようなものがあります。

ある禅の修行者が、師匠に、「清らかな悟りとは、どのようなものですか」と尋ねました。

その師匠は、「そこの花壇《かだん》を見てごらんなさい。さまざまな種類の花が咲いています」と答えました。

それだけで修行者は、「なるほど」と悟ることができました。

このエピソードには次のような意味があると思います。

花壇にはさまざまな種類の花が咲いています。

それぞれ個性的な花を咲かせているのです。

禅僧の悟りや、また人の生き方も、それと同じなのです。

あらゆる人間に共通する「清らかな悟り」などありません。

その人にはその人なりの「清らかな悟り」があり、また別の人には別の人なりの「清らかな悟り」があるのです。

そのことをこの禅の師匠は花壇の花にたとえて言い、そして修行者に「**あなたも自分なりの『正常な悟り』を追究していきなさい。それは人から教えられるものではありません。あなた自身の努力で見つけ出していくしかないのです**」と教えているのです。

今、誰か他人と自分を引き比べて、「自分はなんてダメなんだろう」といった調子でなげき悲しんでいる人がいるかもしれません。

しかし、悲しむことはありません。自分は自分ならではの「個性的な花」を咲かせればいいのです。他人には真似《まね》ることのできない個性的な「美しい生き方」を実現すればいいのです。そう考えれば悲しみを乗り越えられます。

他人と自分とを見比べない。

自分は自分の魅力を輝かせれば、それでいい

ある女性には、出来のいい妹がいます。

学校に通っていた頃は、妹のほうが成績がよく、ほめられるのはいつも妹ばかりでした。

高校や大学も妹のほうが、彼女よりもずっといい学校へ進学しました。

就職も妹は一流企業に入り、彼女は中小企業でした。

そして今、まだ独身の彼女の先を越す形で、妹のほうが先に結婚することになりました。

彼女は、そんな妹のことを考えると、強い劣等感を感じて悲しくなってしまうと言います。

禅語に、「**柳は緑、花は紅《くれない》**」というものがあります。

春になると、柳がきれいな緑色の葉をつけます。

その鮮《あざ》やかな緑色が人々の目を引きつけ、「柳は美しい」という感情を人々に植えつけます。

一方で、春になると赤い花をつけて人々の心を引き寄せ、「なんて美しい花なんだろう」

という感情を与える植物もあります。

柳が赤い花をつけることはありませんし、赤い花が柳のような鮮やかな緑色の葉をつけることもありません。

そこから、この禅語は、「**人間は人それぞれの魅力を持っている。自分ならではは魅力を生かし、ありのままの自分の姿で生きていけばいい**」という意味を表しているのです。

事例の女性も、妹にはない魅力をきっと持っているはずです。その自分ならではは魅力に気づき、それを大切に生かしていく生き方をすればいいのではないでしょうか。

自分にしかない魅力を生かしていく。

悲しい時には、自分の足元を見る

悲しみ、いら立ち、迷いといった感情によって心が定まらない時、禅ではよく、「**照顧脚下**《しょうこきゃっか》」と言います。これは「自分の足元を見る」ということです。

この言葉には物理的な意味と、精神的な意味の両方が含まれています。

物理的な意味では、「**実際に自分の足元を見てみる**」ということです。

と言うのも、心が乱れて定まらない時には、往々にして足がだらしない状態になっている場合が多いのです。

無意識のうちにイライラした調子で貧乏ぶるいをしていたり、不作法な格好で足を投げ出していたりします。

その自分の足を行儀よく揃《そろ》えて落ち着かせることで、心の乱れもおさまってくる効果が得られる場合もあるのです。その結果、心から悲しみ、いら立ち、迷いといった雑念を取り除くことができるのです。

精神的な意味としては、「**他人の言動に左右されるのではなく、自分自身の心を見つめ直し、そして心を整える**」ということです。

悲しみ、いら立ち、迷いといった雑念は、他人の言動の影響によって生じる場合が多いのです。

「友人に悪口を言われて、悲しい」
「思い通りに動いてくれない他人にイライラする」
「知り合いから言われたことで迷いが生じている」

といったことです。

そのような他人の言動にこだわるのではなく、サラリと受け流して気にしないように心がけることで心は落ち着きを取り戻せるのです。

足を揃えて、気持ちを整える。

「すべての感情は、自分の心が作り出したもの」と気づく

禅の言葉に、「**一切唯心造**《いっさいゆいしんぞう》」というものがあります。

「すべてのものは、自分の心が作り出したものだ」という意味です。

つまり、「**悲しみも怒りも苦しみも、人の心を悩ますすべての感情は、じつはすべて自分が作り出したものだ**」ということを表す言葉です。

たとえば、職場の上司に叱られたとしましょう。

「叱られて悲しい。もう私は立ち直れない」と考える人もいます。

しかし、同じ体験をしたとしても、「叱ってもらってよかった。これで同じ失敗を繰り返さないで済む」と考える人もいます。

「上司から叱られる」という、まったく同じ体験であっても、その感じ方は人によってまったく違うのです。

これは何を意味しているのでしょうか？

「上司に叱られた」という事実が、必ずしも「悲しい」という感情を作り出しているわけではありません。

「悲しい」という感情は、自分の心が作り出しているのです。

ですから自分自身が「叱ってもらってよかった」と考えようと思えば、そう考えることもできるのです。

すべて自分次第なのです。

禅の修行とは、ある意味、そのことに気づき、自分自身の考え方を変える努力をすることと言ってもいいでしょう。

つまり「叱られて悲しい」と考えてしまう自分から、「叱られてよかった」と肯定的に考えることができる自分へと変えていこうとする努力が、禅とも言えます。

みずから自分自身の考え方を変える。

心の中に光を当てれば、必ず悲しみの原因が見つかる

仏教には、「あらゆる現象には原因がある」という考え方があります。

たとえば、心に「何か悲しくてしょうがない」という感情が生じたとしましょう。

この「悲しみ」という感情の現象にも、必ず原因があるのです。

何の理由もなく心が悲しみに満たされることはない、というのが仏教の考え方です。

「周りの人に比べて、自分自身がまったく成長できていないように思う」「いつまでたっても思っている通りの人生を実現できない」といったような「思い」が原因になって「悲しい」という感情が自分の心を占めているはずです。

従って仏教は、その原因を解決すれば、心も悲しみという感情から解放される、という考え方に立つのです。すなわち、「自分と他人とを見比べるのをやめる」「思い通りの人生を実現することへの、強いこだわりを捨てる」ということです。

まとめると次のようになります。

①心の中にある悲しみの感情に気づく。

②悲しみの感情の原因に気づく。

③その原因になっている思いを取り除く。

この三つの作業は、すべて当事者の心の中で行われるものです。

禅では、この三つの精神的な作業を「回光返照《えこうへんしょう》」と呼んでいます。「自分の心の中に光を当てて、自分の心の中をよく観察してみる」という意味です。

つまり仏教も禅も、悲しみという感情が生じる本質的な原因は外的な要因にあるのではなく、**「すべて自分の心のあり方が作り出すもの」**という考え方に立つのです。

言い換えれば、どのような経験であっても、みずから心のあり様を変えることでその悲しみから解放されるきっかけをつかめるのです。

みずから心のあり様を変えることで、悲しみから逃れる。

にっこり笑えば、この世は極楽になる

江戸時代に白隠《はくいん》という禅僧がいました。この白隠に次のようなエピソードがあります。

一人の若い武士が白隠のもとを訪ねて、「地獄は本当にあるのですか」と尋ねました。

白隠は、「侍《さむらい》のくせに地獄が怖ろしいのか」と言って、バカにするように笑いました。

若い武士は白隠の態度に怒り、「何を言うか」と刀に手をかけました。

すると白隠は、その若い武士の怒った顔を指差して、「それが地獄だ」と言いました。

若い武士は、その白隠の言葉の意味を即座に理解しました。そして、ニッコリ笑って「申し訳ありません」と頭を下げました。

白隠はその若い侍の笑った顔を見て、「それが極楽だ」と言いました。

このエピソードの中で、若い侍は何を悟ったのでしょうか？

それは、「**怒れば心に地獄が生じる。笑えば心に極楽が生じる**」ということです。

地獄も極楽も、人が死んで行くあの世にあるのではありません。今生きている人の心の中にあるのです。それが禅の考え方なのです。

このエピソードは、「**悲しい思いをしている時こそ、明るく笑うことが大切だ**」ということを示しているように思います。

笑えば心に極楽が生じ、悲しい思いが和らぎます。

しかし、そこでワンワン泣いてしまえば、怒ると心に地獄が生じるように、泣く人の心にも地獄が生じてしまうのです。

そのために、いっそう深く悲しみという感情に沈んでいってしまうのです。

悲しい経験をした時に笑うのはたいへんだと思いますが、意識して笑うように努めるほうがいいのかもしれません。

笑うことで悲しみを和らげる。

第5章

悲観的にならずに生きる

幸せはすぐ身近なところにあると気づけば、幸せになれる

ある女性は、「私は幸せに恵まれない人間だ。それが悲しくてしょうがない」と言います。

しかし、周りの人たちから見れば、彼女は十分に幸せなのです。

快適に暮らす家があり、毎日おいしいものも食べられ、何不自由なく暮らしています。しかも自分の楽しみのために使える小遣いに困っているわけでもありません。

人間関係にも恵まれています。

しかし、彼女は「私は幸せではない」と言います。

これはつまり、彼女自身が自分はどんなに幸せかということについて気づいていないだけなのです。

次のようなエピソードがあります。

冬が終わり、春が近づいてきた季節のことです。

山に暮らすある禅僧が、春に咲く花を見つけるために山歩きをしました。一日中、山を歩き回りましたが、どこにも春に咲く花を見つけることができませんでした。クタクタに疲れきって家に帰ると、庭に植えた梅の木が花をつけています。

その禅僧は、「こんな間近な場所に春に咲く花があったというのに、それに気づかずにムダに山歩きをした自分は、なんて愚かなのだろう」と反省しました。

このエピソードは、「幸せは自分のすぐ間近なところにある。それにもかかわらず、遠いところにある幸せを追い求めてムダなことをしている人が多い」ということを言おうとしているように思います。

身近な生活環境や人間関係をふり返ってみて、「**身近にある幸せ**」を探してみるのがいいと思います。たぶん、たくさんの幸せが見つかるでしょう。


身近なところで、幸せ探しをする。

無事な生活は、「満足する」ことから始まる

禅の言葉に、「**無事是貴人**《ぶじこれきじん》」というものがあります。

「無事であることが貴人の証だ」という意味です。

禅で言う「貴人」とは、「悟りを得た人」という意味を表します。

「無事」という言葉は、一般的にもよく使われます。

「問題がない生活」「平穏な生活」といった意味を表す言葉です。

ただし、禅で言う「無事」には、もう少し深い意味があります。

禅では、「なぜ問題がない生活を送れているのか」「なぜ平穏な生活を実現できているのか」という点に着目するのです。

その答えは、「**今の生活に満足しているから**」ということになります。

ですから次のように考えている人は、禅の考え方に従えば決して「無事」ではありません。

「今の生活には満足できない。収入があと30パーセント増えたなら、問題がない生活ができるのに」

「係長では満足できない。課長まで出世ですれば、平穏な生活ができるだろう」

このように考える人は、「もっとお金がほしい」「もっと出世したい」という欲によって、しばしば平常心を失うことになります。

そして苦しみ、欲求不満、悲しみといった感情に、心を振り回されることになります。

ですから禅では、このように「今の生活に満足できないでいる人」を「無事」とは言わないのです。今の収入、今の地位に満足してがんばっている人たちを、禅では「無事是貴人」と言うのです。

言い換えれば、今に満足している人を「悟りを得た人」と言うのです。


欲求不満を捨て、満足を心がける。

「ブッダも達磨《だるま》も初めは平凡な人間だった」と知る

「がんばって、あの人に一歩でも近づきたい」という憧《あこが》れの人物を胸に抱き、そんな憧れの人物を自分自身が生きていく励みにしている人もいるのではないでしょうか。

たとえば、ビジネスマンであれば、理想とする実業家を目標にして、「私もあの人物のように大きな夢に向かって仕事をしていく人間になりたい」とがんばっている人もいると思います。

しかしながら一方で、「いくらがんばって努力しても、私が憧れ理想とする人物には一歩も近づけていない。あの人物は、いまだ遠い存在のままだ」と、なげき悲しんでいる人もいるのではないでしょうか。

禅語に、「**古人刻苦光明必ず盛大なり**《こじんこっくこうみょう》」というものがあります。

「昔の偉人も、苦労に苦労を重ねてやっと偉大なことを成し遂げられた。苦労したからこそ現在、大いに賞賛されている」という意味です。

禅で言う「昔の偉人」とは、仏教の創始者であるブッダや、あるいは禅宗の開祖である達磨《だるま》を意味します。

禅の道場には、よくこの言葉が貼り出されているものです。

この禅語は、道場で修行する修行者たちに、「ブッダも達磨も、みなと変わらない平凡な人間だった。だが、修行に修行を重ねられて悟りを得られた。おまえたちもがんばって修行すればブッダや達磨のような存在になれる」と語っているのです。

憧れる「理想のビジネスマン」も元は自分と同じ平凡な人間だったと考えるのがいいと思います。

そして、自分も努力すれば必ず憧れの人に近づけると信じ、もう少しがんばってみるのがいいと思います。

あと一歩がんばって、もう一歩憧れの人に近づく。

何があっても、たんたんとやるべきことをする

一般的によく知られている禅語に、「**日々是好日**《にちにちこれこうじつ》」があります。

「悲しいことがあろうが、苦しいことがあろうが、どんなことがあろうが『今日はいい日だ』と前向きに考えることは、いい人生を築くコツだ」という理解されています。

ただし、禅の世界では、もうひとつ違った意味にも理解されています。

禅の修行者は、言うまでもなく、修行する人たちです。

坐禅をしたり、写経をしたり、仏典を学んだりしています。

また、掃除《そうじ》や、料理、食事をすることもすべて禅の修行だと考えられています。

このような禅僧にとって「好日（いい日）」というのは、つまり「自分がするべき禅の修行に集中できる」という状況を指しているのです。

ですから、「悲しいことがあろうが、苦しいことがあろうが、どんなことがあろうが、心

を惑わされることなく自分がするべき修行が十分にできる」ということが、禅の考え方に従った「日々是好日」の意味なのです。

人は、悲しいことや苦しいことがあると、つい投げやりな気持ちになってしまいます。ヤケを起こして、やるべきことを投げ出してしまいがちです。

しかし、どんなことがあろうとも**「今日やるべきことをたんたんとこなしていく」**ということが、禅の考え方に則《のっと》った生き方になるのです。

そして、そのように心を惑わされることなく、平常心を心がけて生きていくことで、満足できる人生を得られると考えるのが禅なのです。

この禅本来の意味で、「日々是好日」という言葉を味わってみることも、これからの生き方に役立つのではないでしょうか。

今日やるべきことに全力を尽くす。

「小さな努力」の積み重ねが「大きな成長」につながる

ある人は、「自分なりにがんばって努力しているつもりだが、ちっとも自分が成長していないように感じる。それが悲しい」と、なげきます。

禅語に次のようなものがありますから、紹介しておきましょう。

「一滴《いってき》、乾坤《けんこん》を潤《うるお》す」というものです。

「一滴」とは、「一つの雨粒」を意味します。

「乾坤」とは、「天と地の間にある、この世界」を意味します。

人間をはじめ、鳥や魚や獣など、あらゆる生命が活動している、この世界です。

この禅語は、「空から降ってくる一粒一粒の雨が集まって川となり湖となり海となって、この世界に生きているあらゆる生命をはぐくんでいる」と言っているのです。

このような自然のあり様を示しながら、人としての生き方を説くのが禅語の特徴の一つですが、この禅語においても人の生き方についての教えが隠されています。

「一粒の雨粒のような小さな努力でも、それをたくさん積み重ねていくことで、自分という人間を成長させる大きな力になっていく。だから、日々の小さな努力の積み重ねを大切にすること」という意味が隠されているのです。

人が今日という一日を「一生懸命がんばった」と思っても、それはじつは「**小さな努力**」なのかもしれません。「**小さな努力**」ですから、それによって人は「小さな成長」しかできません。自分では気づかないくらいの「**小さな成長**」です。

ですから、「ちっとも自分が成長していないように感じる」と思えてくるのかもしれません。

しかし、その「**小さな努力**」をコツコツと積み重ねていけば、やがて「**大きな成長**」となって実感できるようになると思います。


飽《あ》きずに、投げ出さずに、努力していく。

人と比べるから、自分の境遇が悲しく思えてくる

面白い禅語があります。

「**家貧《かひん》は未《いま》だ是《こ》れ貧ならず。路貧《ろひん》は人を愁殺《しゅうさつ》す**」というものです。

「家の中にいる時は、どんなに貧しい生活をしていても、人は自分の境遇をなげき悲しむことはない。しかし、外の道を歩いている時は、その人は『私はなんて貧しいんだ』ということを思い知らされて、なげき悲しむことになる」という意味です。

なぜ家の中では悲しまず、外に出ると悲しい思いをすることになるのでしょうか。

それは、家の中では、見比べる他人がいないからです。

外に出ると、自分と見比べてしまう他人とたくさん出会うことになります。

「あの人は、私よりもいい着物を着ている。うらやましい」「この人は、私が食べているものより、ずっと高価でおいしそうなものを食べている」

そのように世の中の人と自分の境遇を見比べていくうちに、「世の中の人と見比べて、私はなんて貧しい生活を送っている」という事実に気づくのです。

そして、そんな自分のミジメな境遇をなげき悲しむことになるのです。

一方で、家の中にいる時には自分と見比べる他人がいませんから、自分の貧しい生活を思い知らされることはありません。

ですから、悲しみといった感情をおぼえることもないのです。

従って、この禅語は、外に出て他人の中に入り混じっている時も、「自分と他人とを見比べる意識を捨ててしまえばいい」とアドバイスしているのです。

そうすれば一生、悲しみという感情に振り回されることなく平常心で生きていける、ということです。

自分と他人とを見比べない。

幻を追っている限り、心の悲しみからは抜け出せない

不思議な禅語があります。

「**海月《かいげつ》澄んで影無く、遊魚《ゆうぎょ》独《ひと》り自《みずか》ら迷う**」というものです。

夜空に月が輝いています。

その月の明かりが、海の表面に映ってキラキラ輝いています。

海の中に住む魚は、その海面に輝く月の影を本当の月だと思いこみます。

そして海面に出てきて月を探しますが、いくら探しても月は見つかりません。

海面に映っていたのは「月の影」であって、本物の月ではないからです。

この禅語は「人の心の迷い」を表しています。

つまり「ない」ものを「ある」と思いこみ、「不可能」を「可能」と思いこんでしまうところから、心の迷いが生じる、という意味を表しているのです。

世の中には、いるはずもないような「理想的すぎる結婚相手」を探し求めて、いつまでも独身のままでいる人もいるかもしれません。

誰が見ても成功する見込みなどまったくない事業なのに、それでも「成功できるはずだ」とあくまでもこだわって、結局は散々な目にあっている人もいるかもしれません。そのようなタイプの人は、早く自分の追い求めているものは、この禅語でいう「月の影」、つまり幻《まぼろし》にすぎないと気づくほうがいいと思います。

そうでないと、いつまでも望みを叶《かな》えることができない悲しい人生から抜け出すことはできないでしょう。実際に存在するものを追い求めてこそ、生きる喜びが得られます。

がんばれば手に入れられるものを追い求めてこそ、生きる充実感が得られます。

１００％不可能な幻を追い求めることは、悲しみしか生み出しません。

がんばれば手に入れられるものを追い求める。

調子がいい時ほど、平常心を心がけるのがいい

勢いに乗って、調子に乗ったことをやりすぎて大失敗してしまう人がいます。

自分の会社の業績が伸びていることに気をよくして、「もっと大儲けしよう」と大金を投資するのですが、その事業に大失敗して泣きをみる、といったケースです。

目覚ましい出世をしたのはいいのですが、そんな自分を自慢して回ったり、調子に乗って周りの人たちにいばり散らしたりして、みんなから嫌われて悲しい思いをする、といったケースもあるかもしれません。

そういう意味では、人生では、調子がいい時ほど平常心を心がけていくほうがいいのかもしれません。

この「**調子がいい時ほど、気持ちを落ち着ける**」というのは、禅の考え方にもつながります。

禅のエピソードに次のようなものがあります。

ある大きな禅寺の住職（寺の主）が引退し、新しい住職に変わることになりました。大きな役職を引き継ぐことになった新しい住職は、その名誉にたいへんはりきっていました。その住職の様子を見て、引退する住職が次のように注意しました。

「はりきるのはいいが、意気ごみすぎて調子に乗ったことをすると、必ず災いがある。だから注意しないさい」と。

その際の引退する住職の言葉は、禅の大切な考え方を伝える禅語として後の世に引き継がれました。

それは、「**勢い使い尽くすべからず。必ず禍《わざわい》来《きた》る**」というものです。

意味は単純です。「調子に乗るな。悪いことが起こる」ということです。いつも調子に乗ったことをやりすぎて失敗ばかりしている人に、参考にしてほしい言葉です。

「調子に乗りすぎると、災いを招く」と知っておく。

老いに従って生き方を変えていくのが望ましい

人生は、自分の思い通りにはなってはくれません。

ならば、思いを捨てて、自然の成り行きに任せていくほうが、心安らかに生きていけるのではないでしょうか。

たとえば、人は誰でも「いつまでも若々しくありたい」と願います。

しかし、人は年齢とともに老いていきます。

これは逆らうことのできない人間の運命です。

しかし、それでもなお「若々しくありたい」という願いにこだわる人は、鏡を見るたびに顔に増えていくシワや肌のたるみに、悲しい思いをしなければならなくなるでしょう。

ですから、老いという自然現象に逆らうのではなく、老いた自分自身に対して自然体で向かい合っていくほうがいいと思います。

それがまた禅の考え方にもつながります。

禅の言葉に、**「花は哀惜《あいせき》に従《よ》って落ち、草は棄嫌《きけん》を逐《お》うて生ず」**というものがあります。

「野に咲く花にいつまでも美しく咲いていてほしいと願っても、いずれ花は枯れていく。どんなにイヤだと思っても、野は雑草におおわれていく」という意味です。

この言葉の「花」は、「人間の命」と理解できます。

つまり、「いつまでも若々しく美しい命でありたいと思っていても、人の命はいずれ衰え枯れていく。老いという雑草におおわれていく」と述べているのです。

ですから禅も、「そのような自然の法則に逆らおうと思うと、みずから悲しい思いをするばかりだ。自然の法則に従って、自分の年齢に沿った生き方をしていくのが望ましい」と述べていると思います。

自然の摂理に逆らおうとは思わない。

悲しみに心がくじけそうになったら、「喝」を入れる

「活《かつ》を入れる」という言い方があります。

「自分や他人に刺激を与えて元気づける」といった意味です。

この「活」の語源は禅にあります。

禅では「**喝**《かつ》」と書きます。

「喝《かつ》」とは、心の乱れや迷いを正すために用いられる掛け声です。

修行に心が入っていない禅僧に対して、大声で「喝！」と呼びかけるのです。

この「喝」には、「心に迷いがあるぞ。もっと修行に集中しなさい」という意味があります。

徳の高い禅の師匠に「喝！」という言葉をかけられると、その後三日間は耳の奥にその師匠の「喝」という声が響いていると言われます。

師匠の声が響いている間は、心を乱すことなく修行に集中できるのです。

また、禅の修行者が自分で「修行に集中できていない」と気づいた時には、自分で自分に「喝」という言葉をかけることもあります。

一般の人たちも、悲しい経験をして心がくじけそうになった時には、そんな自分に対して「喝」という言葉をかけてみる、という方法を試してもいいと思います。

必ずしも、声を出す必要はありません。

心の中で、自分自身に対して「喝」と呼びかけてみるのです。

それがきっかけで、悲しみが打ち払われ、「こんなことでは負けないぞ」と力がわき出てくるかもしれません。

人の心というものは、ちょっとした刺激で、ガラリと変わるものです。

悲しみで真っ暗闇になっていた心に「喝」の一言で、明るい光が差してくる、ということもあるのではないでしょうか。

「喝」の一言で、心を活気づける。

第6章

束縛から離れる

美しいも醜《みにく》いもないと考える

ある女性は、とても美人です。

しかし、本人は「私ほど醜《みにく》い女はいない」となげき悲しんでいます。

本人が言うには、「私は鼻が低い。だから私は醜い」ということです。

確かに、多少、鼻は低いほうなのかもしれません。しかし、形は整っています。かわいらしい鼻です。ですから客観的に見て、やはり彼女は美人なのです。周りの人たちも「彼女は美人だ」と思っています。

この彼女のように、自分の容姿にちょっとした不具合を見つけて「私は醜い」と思いこんでしまう原因は何なのでしょうか？

禅の考え方に従えば、それは「美しくありたいという思いへのこだわりが強すぎる」ということになると思います。

美しさへのこだわりが強いために、ちょっとした不具合に意識過剰となって、極端な考え方に走る傾向が強くなってしまうのです。

禅には「**両忘**《りょうぼう》」という言葉があります。

この言葉には「こだわりを捨てる」「極端な考え方をしない」という意味があります。

つまり、「美しいも醜いもない。そういう考えに惑わされるのではなく、自分らしく生きと暮らしていくのが一番いい」ということです。

言い換えれば、「自分らしく生きることが、その人をもっとも美しく輝かせる」ということにもなります。

美しさへの極端なこだわりを捨てれば、「鼻が低い」といった劣等感に苦しめられることもなくなるでしょう。

そして、もっと楽に、自分らしく生きていけるでしょう。

「こだわりが悲しみを生む」と知る。

時間に使われるのではなく、時間を使いこなしていく

忙しい仕事に追いまくられて、プライベートの時間を持てなくなると、人はだんだん悲しい気持ちになってきます。

「自分のしたいことができないまま、私の人生はどんどん過ぎ去っていくのか。虚《むな》しい」という気持ちにさせられてしまうのです。

確かに仕事を持っている人は、山のような仕事に追われて、なかなかプライベートの時間を作るのが難しいようです。しかし、時間の使い方をちょっと工夫すれば、忙しい日々の中でも「プライベートの時間」を作ることは可能ではないでしょうか。

禅のエピソードに次のようなものがあります。

ある禅の修行者が、師匠に、「一日の時間を、どのように使えばいいですか」と質問しました。

すると、その師匠は、「おまえはただ時間に使われている。自分から時間を使いこなすよう

にしなければならない」と答えました。

この師匠の言葉には、次のような意味があると思います。

上司から「今日中にこの仕事を終わらせてくれ」と大量の仕事を命じられたことをこなしているだけでは、プライベートの時間はいつまでも持てません。

「いつまでにやれ」と言われることをただやっている状態が、この師匠の言う「時間に使われている」ということなのです。

では、「自分から時間を使いこなす」とは、たとえば、「自分なりに工夫してできるだけ早く仕事を終わらせる。そして今日は残業せずに定時に帰宅する。早く家に帰って、プライベートの生活を楽しむ」と考えることです。

このように自分で時間の使い方を工夫していけば、忙しい生活の中でもプライベートの時間を持てるでしょう。


時間の使い方を、自分自身で工夫する。

一つの所にこだわらず、心を自由にしておくのがいい

禅の言葉に、**「応《まさ》に住《じゅう》する所《ところ》無《の》うして、其《そ》の心の生ずべし」**というものがあります。

「住する所」というのは、たとえば、会社の地位です。課長、部長といった地位です。

「応に住する所無うして」とは、「そのようなものにこだわるな」と述べているのです。

言い方を換えれば、人は安定する地位が得られると、往々にしてその地位にこだわる気持ちを抱いてしまうのです。

たとえば、サラリーマンは、課長や部長という役職を得て、会社での立場や、また収入などといったものが安定すると、ついその課長や部長という地位にこだわり始めます

課長や部長という地位から離れたくないと思います。

しかし、いずれは後輩たちに課長や部長という地位を譲《ゆず》らなければならない時がやってくるのです。

その時、課長や部長という地位に強いこだわりを持っている人ほど、悲しみや苦しみといった感情に心を乱されることになります。

禅では、「そのような地位に永遠に安住することはできない」と考えるのです。

たとえ安住する地位が得られたとしても、それは一時的なことであって、いずれはその地位から離れなければならない時がやってくるのです。

その時に心を混乱させないためには、初めから「一つの地位にこだわらない」ということをモットーにしておくほうがいいのです。

禅語の後半にある「其の心の生ずべし」とは、「こだわりを捨てて、心を自由に解放しておくのがいい」という意味です。

「**こだわりを捨てれば、心が悲しみや苦しみに縛《しば》られることはない**」ということです。

「永遠に安住できる所などない」と知っておく。

下手に利口でいるよりも、大バカになったほうがいい

江戸時代の有名な禅僧に、良寛《りょうかん》がいます。

近くに住む村の子供たちと手毬《てまり》をついて遊ぶのが好きだったという、あの良寛です。

この良寛は、自分のことを「**大愚良寛**《たいぐ》」と呼ぶことがありました。

「**大愚**」とは、「大バカ者」という意味です。

この「大愚」という言葉で、良寛は「私は大バカものです」と告白しているのではありません。

そうではなくて良寛は、「私は大バカ者になって生きていきたい」という自分の希望を述べていると思います。

と言うのも、下手に利口な人間は、理屈であれこれ考えすぎて、かえって心の迷いから抜け出せなくなってしまうことも多いのです。

悲しい経験をした時も、自分を責めたり、考え過ぎたりして、なかなか立ち直れません。

良寛は、「ならば私は、悲しいことがあっても、あっけらかんと笑っていられるような大バカ者になって生きていきたい」と言いたかったのではないかと思います。

「**守愚**《しゅぐ》」という言葉もあります。

これもやはり「大バカ者になって生きる」という意味を表す言葉です。

「下手な利口者になるくらいなら、大バカ者になる。大バカ者になって生きるほうが、心が動じることはない。どんなことがあっても平常心で生きていける」という意味です。これは、禅の世界の伝統的な考え方なのでしょう。

「利口な人間ほど、かえって心の迷いから抜け出せない」と知る。

雲や水のように、逆らわずに生きていく

禅の修行者を「雲水《うんすい》」と呼ぶことがあります。

この雲水の原語は、「**行雲流水**」という禅語にあります。

「**空を流れていく雲、大地を流れていく水**」という意味です。

禅では、この「雲」と「水」が持つ性質の中に、人としての理想的な生き方を見ているのです。

「雲」は、風に吹かれるままに流されていきます。

「水」は、低いほう低いほうへと流れていきます。

「雲」も「水」も自然の法則に逆らって、風の吹く反対の方向に流れていったり、低いほうから上へと逆流することはありません。

ところが人間はどうでしょうか？

人間はしばしば自我を強く持ち、周りの人たちに逆らったり、世の中の流れに逆流するよ

うなことをします。

そして、それが心の乱れ、悲しみ、いら立ちといった感情となって、その人を苦しめます。ならば「逆らわずに生きていくほうがいいではないか」と、禅は考えるのです。

つまり「自然の法則に従って生きる」「無理をして流れに逆らうような生き方はしない」ということです。

この禅の「行雲流水」を理想の生き方とする考え方は、一般の人にも参考になることが多いと思います。

とくに何か悲しい出来事に見舞われて気持ちが落ちこんでいる時には、その運命に逆らわないほうがいいと思います。自分を無にして何物にも逆らわず、ただ流れに任せて生きていくほうが、悲しみを上手に乗り越えられると思います。

「運命に逆らわないほうがいい」と知る。

「どう生きるか」の答えは、目の前にある

人は時に、これから自分がどう生きていけばいいのかわからなくなってしまうことがあります。

目標を達成するためにどのような方法で、また何を心の支えにして生きていけばいいのかわからなくなってしまうのです。

その際、人は、見知らぬ街で道に迷ってしまうような心細い、悲しい気持ちにさせられてしまうものです。

ここで、禅の問答に次のようなものがありますから紹介しておきましょう。

禅の修行者が、師匠に、「悟りを得るための道はどこにあるのですか。私は、その道を見失ってしまいました」と尋ねました。

それに答えて、その師匠は「道は、おまえの目の前にあるではないか」と答えました。

禅の修行者にとって、悟りを得るための道とは、特別なことではありません。

それは人が日常生活の中で行う、座る、歩く、食事する、掃除する、といったことを雑念にとらわれることなくやっていく、ということです。

それぞれ禅独特の作法はあるものの、大切なことは、今やるべきことを心をこめてたんたんとこなしていくことです。特別なことなど考えなくていいのです。

ですから、この師匠は、「道は目の前にあるではないか」と述べたのです。

自分の人生について「どう生きていけばいいのかわからない」という思いに惑わされている人も、あまり特別に考えることはないと思います。

目の前にある「やらなければならないこと」を心をこめてたんたんとこなしていけばいいのではないでしょうか。

そうすることで心が定まってきます。

今やるべきことをたんたんとこなしていく。

「水」と「雲」の持つ柔軟性を身につけるのがいい

困難や障害の多い人生をたくましく生き抜いていくために大切なのは「精神の柔軟性」ではないでしょうか。

何度チャレンジしても上手くいかないのに、なおも「私には、このやり方しかない。あくまでもこのやり方を貫く」と、ガンコに言い張っている人がいます。

強い意志を持つのはいいことですが、ガンコになりすぎるのはよくありません。結局は、自分一人だけがいつまでも同じ人生の壁を乗り越えられずに、周りの人たちにどんどん先を越されていって、自分自身が泣きをみる結果になるのではないでしょうか。

そうならないために、「この方法で上手くいかないのなら、別の方法を試してみよう」と考えることができる「精神の柔軟性」を身につけておくほうがいいと思います。

禅の言葉に、**「竹密《みつ》にして妨げず流水《りゅうすい》の過ぐるを。山高くして豈《あに》白雲の飛ぶを礙《さまた》げんや」**

というものがあります。

「いくらビッシリと隙間なく生い茂っている竹林も、水が流れていくことを妨げることはできない。いくら高い山も流れる雲を妨げることができない」という意味です。

『生い茂る竹林』と「高い山」は、「人生の多くの困難や障害」を意味しています。

そんな困難や障害をものともせず、「水」や「雲」は進んでいく、と言うのです。

それは「水」「雲」が柔軟性を持っているからです。行く手を塞《ふさ》がれても、水は左右に逃げ、雲は上を飛び越えていく柔軟性があるのです。

「**人間も、水や雲が持つ、そんな柔軟性を身につけるのがいい**」と、この禅語は述べているのです。

ガンコを押し通して泣きをみないために、参考にしてほしいと思います。


ダメな時は、別の方法を考える。

心は動かさず、身体は自由自在に動かす

江戸時代の有名な禅僧に、沢庵《たくあん》がいます。

この沢庵が、江戸幕府、徳川家の剣術師範だった柳生宗矩《やぎゅうむねのり》から相談を受けた時の話です。

宗矩は、「禅の考え方に従って言えば、剣術の極意とはどのようなことになりますか」と、沢庵に尋ねました。

沢庵は、「**不動智《ふどうち》を得よ**」と答えました。

そして沢庵は、「不動とはいっても、石や木のように『動かない』ことを意味するのではない。相手と闘う状況に合わせて柔軟に右へも左へも動くのがいい。しかし、心は動かしてはならないということだ」と説明しました。

「智を動かさない」、つまり「心を動かさない」ということだと言うのです。

この沢庵の「不動智」という考え方は、現代の一般人にも参考になる点があるように思わ

れます。

というのも、世の中には、「心は揺れ動きながらも、身体を動かさない」といったタイプの人が少なくはないからです。

たとえば、ある人生の壁に直面したとしましょう。今までやってきた方法では、その壁を乗り越えることができません。心は不安で動揺しています。しかし、「私はあくまでこのやり方を押し通す」と、ガンコに言い張れば、そのために結局は上手くいかず、泣きをみる結果に終わるのです。

「不動智」の「智」は「心」という意味の他に、「**信念**」と言い換えてもいいと思います。「やり遂げる」という信念は動かさなくていいのです。

その信念さえしっかりしていれば、どう動くかという方法論については柔軟に対応してもいいと思います。

信念にこだわり、方法論はこだわらない。

同じ失敗を繰り返すのは「愚かな虻《あぶ》」同然と知る

人は往々にして、何度も同じ失敗を繰り返します。

一度失敗したら、別の方法を試すということができればいいのですが、そう簡単に発想を転換することができないのです。

何度も同じ失敗を繰り返しながら、なおも同じ方法にこだわるのです。

そして、「私は能力のないダメ人間だ」などと、なげき悲しみます。

ちょっとだけ考え方を変えてみればいいのです。ちょっとだけ違う方法を試してみればいいのです。そうすれば上手くいくかもしれません。

禅に面白いエピソードがあります。

ある禅寺の禅僧のもとを、知り合いの僧が訪ねました。

二人が話をしていると、部屋の中で一匹の虻《あぶ》が飛んできて障子《しょうじ》にぶつかりました。その虻はいったん退《しりぞ》くと、また障子へ向かって飛んで行って、障子にぶつかりました。その後も障子にぶつかっては退き、障子にぶつかっては退き、ということを何度も繰り返していました。

その虻は、どうも、座敷から外へ出て行きたいらしいのです。しかし、虻には障子を突き破ることができません。

知り合いの僧が、その様子を見ながら、「まったく愚かな虻ですな。障子を突き破ることなどしなくても、障子の横に隙間が開いている。そこを通り抜けていけばいいものを、いつまでも障子を突き破ることにこだわっている」と笑いました。

すると禅寺の禅僧は、「いやいや愚かなのは、あの虻ばかりではありませんぞ。人間にもあの虻と同じように、愚かなまねを繰り返す人が多いものです」と言いました。

この話も、もし上手くいかなかったら、ちょっとだけ発想と方法を変えてみるのがいい、ということを教えてくれるものなのです。

上手くいかない時は、視野を広くして別の方法を試す。

楽しいことを心の励みに、悲しさを乗り越えていく

人生は、悲しいこと、つらいこと、苦しいこと、の連続です。

しかしながら、時には楽しいこと、うれしいことがあるのも事実だと思います。

そんな「楽しいこと」「うれしいこと」を心の支え、心の励みとして生きていくのも悲しみやつらさを乗り越えてたくましく生きていくコツの一つになるのではないでしょうか。

禅の言葉に、「**薫風自南来**《くんぷうじなんらい》。**殿閣微涼を生ず**《でんかくびりょう》」というものがあります。

季節は夏です。家の中は蒸し暑くてしょうがありません。

しかし、時々、薫風が家の中に吹きこんできます。

「薫風」とは、「心地よい涼《すず》しい風」という意味です。

これは、生きていく上での「楽しいこと、うれしいこと」を表します。

「蒸し暑い家の中」は、「**悲しいことやつらいことがたくさんある人生**」を表しています。

つまり、「そのようなつらい人生であっても、時々、楽しいこと、うれしいことがあるから、どうにか前向きな気持ちで生きていくことができる」と述べているのです。

言い換えれば、「楽しいことがあった時は、その出来事を大いに楽しむのがいい。楽しいことがある時に、悲しい顔をしていることはない」という意味も含んでいるように思います。

「うれしいことがあった時は、その出来事をみんなでお祝いしてみんなで喜ぶのがいい。うれしいことがあった時に、つらそうな顔をしていることはない」ということです。

そのようにして「楽しいこと、うれしいこと」があった時の時間を大切にしていくことも、禅の考え方に従った生き方になるのです。

楽しいこと大いに楽しむ。うれしいことを大いに喜ぶ。

いいことがあっても、いい気にならない

禅語に、「**八風《はっぷう》吹けども動ぜず**」という言葉があります。
どのようにして平常心を保っていくかの心得を表した言葉です。
「八風」とは、「人の心を惑わす八つの煩悩《ぼんのう》」を意味します。
①「思い通りになること」
②「思い通りにならないこと」
③「陰で、ほめられること」
④「陰で、悪口を言われること」
⑤「面と向かって、ほめられること」
⑥「面と向かって、悪口を言われること」
⑦「うれしい出来事」

⑧「悩ましい出来事」

「思い通りにならないこと」「悪口を言われること」「悩ましい出来事」が、その当事者に悲しみや怒りといった感情をもたらし、心を惑わすことは容易に理解できると思います。

一方で、「思い通りになること」「ほめられること」「うれしい出来事」ということが、どうして心を惑わす原因になるのか理解できない人がいるかもしれません。

しかし、これが禅独特の考え方なのです。

と言うのは、いいことがあると、つい人は有頂天になってしまいがちなのです。いい気になってしまうのです。それが災いの原因になって手痛い失敗を招いてしまうことがよくあるのです。そこで泣き面《つら》をかかないですむように「いいことがあった時こそ、心を落ち着けて平常心でいるのが大切だ」と、禅は考えるのです。

いいことがあった時こそ、落ち着いている。

第7章

物事の本当の意味を知る

見失った生きる目標を、ふたたび見出す

大きな挫折を経験すると、その人はつい「生きる目標」を見失ってしまうことになりがちです。

たとえば、「世の中のために役立つ存在になりたい」という思いから、弁護士になることを目指していた人がいたとします。

そのために一生懸命に勉強してきましたが、司法試験に不合格になってしまいました。

その時、その人は、不合格になった精神的ショックから、「役立つ存在になりたい」「弁護士になりたい」という人生の目標を見失ってしまうかもしれません。

「**月落ちて天を離れず**」という禅語があります。

「夜に輝いていた月も、夜明けとともに見えなくなる。しかし、それは太陽の光に隠れて『見えなくなる』だけで、天空に存在していることには変わりはない」というのが言葉の意味です。

この言葉では、「月」が「人生の目標」を意味しています。

つまり、「大きな挫折を経験すると、そのショックから人生の目標を見失いがちだが、それは一時的に『見失っている』にすぎない。その人の心には今でも『人生の目標』という月はしっかり存在している」という意味になるのです。

つまり平常心を取り戻し、もう一度人生の目標を見つけ出すことが大切だということです。

ここでの事例に即して言えば、もう一度司法試験にチャレンジすることもいいでしょう。あるいは「世の中のために役立つ存在になりたい」という目標を、弁護士になること以外の方法で実現することもいいでしょう。

消えたと思えた「**人生の目標**」をふたたび見つけることで、挫折から立ち直れます。

「目標を一時的に見失っているだけだ」と気づく。

無駄な努力をしなければ、大きなことは成し遂げられない

人生は試行錯誤の連続だと思います。

何か新しい課題に取り組もうという時、「こうすれば上手くいくのではないか」ということを試してみます。

しかし、一度で上手くいくことはありません。たいていは失敗してしまいます。

「上手くいく」と信じて試してみたことが、あえなく失敗するのですから、そのために費やした努力はすべて無駄になります。

その当事者とすれば悲しい気持ちにさせられるでしょう。

しかし、大きなことを成し遂げようと思えば、人はそんな「無駄な努力」「悲しい失敗」を何度も繰り返すことを覚悟しなければならないものなのかもしれません。

禅の言葉に、「**雪を擔《にの》うて、古井《こせい》を塡《うず》む**」というものがあります。

水が涸《か》れてしまった古い井戸は、土を入れて埋《う》めます。埋めておかないと、間違って人が落ちる危険があるからです。また、害虫などがわいて不衛生です。この禅語では「土」ではなく「雪」で井戸を埋める、と言うのです。

雪は溶けてしまいます。ですから井戸を埋めることはできません。

じつは、この「雪で埋める」という行為は、「無駄な努力をする」という意味を表しているのです。

この禅語は、仏教的には「悟りを得るためには、**『雪で井戸を埋める』**ような無駄な努力を、飽《あ》きることなく続けていかなければならない。その結果、悟りが得られる」と述べているのです。

一般の人生も同じです。何度も無駄な努力をして、何度も泣きたい思いをしながら、人は大きなことを成し遂げていくのです。

無駄な努力を「無駄な努力」とは思わない。

自分でやってみて、初めて真実を知ることができる

ある女性は、好きな恋人から結婚を申しこまれました。しかし、その相手と結婚することはできませんでした。親から反対されたわけではありません。結婚できない特別な事情があったわけでもありません。彼女自身の決断力のなさが原因でした。

プロポーズされた時、「結婚によって本当に幸せになれるか」ということについて友人に話を聞いたり、それに関する本を読んだりして情報収集をしました。

しかし、いろいろな話を聞けば聞くほど迷いが生じて、「結婚して本当に私は幸せになれるのだろうか」と迷いが深まって、プロポーズを受けるかどうかウジウジ迷っているうちに、相手の恋人がシビレを切らせてしまい「君は僕のことが好きじゃなかったんだね」と、彼女のもとから去っていってしまったのです。

今回の結婚のことにかぎらず、彼女はいつもそうなのです。何か人生での大きな決断に迫

られる時、いい決断をするためにあれこれ情報を集めるのですが、それがかえって迷いを深める原因になって、決断できなくなるようです。そんな「決断力のない自分」が、彼女自身情けなく、また悲しくてしょうがないと言います。この女性の場合のように、情報を集めることがかえって迷いの原因になることがよくあります。人によっては「結婚はすばらしい」と言いますし、一方で「結婚生活は地獄だ」と言う人もいるからです。

禅語に、「**冷《れい》暖《だん》自《じ》知《ち》**」というものがあります。「その水が冷たいか温かいかは、自分で水に触れてみればわかることだ」という意味です。

つまり、「周りの人にあれこれ聞くよりも、自分でやってみれば真実はすぐにわかる」という意味を表しています。この禅語を参考にすれば、あまり情報を集めなくてもいいことになります。そして「決断力がなくて情けない自分、悲しい自分」を乗り越えるきっかけをつかめるかもしれません。

迷う前に行動してしまう。

目立つことなく地道に生きる、松の木のような人になる

ある人は、「私は地道に、コツコツとがんばっていくしか能がない人間なんです」と言います。「世の中でパッと脚光を浴びるようなことをしたい。みんなの注目を浴びるような目立つことをしたい」という気持ちは強いのですが、「私にはそのような才能はない」と言うのです。

そして、その人は、「そんな自分の人生が、自分自身悲しく思えてくる」と、なげきます。

しかし、そんな自分を悲しく思うことはないと思います。

むしろ、そんな自分を誇らしく考えていいのではないでしょうか。

というのも、禅が賞賛する人は、このような「目立つことなく、地道にコツコツがんばる」というタイプの人だからです。

「**松樹**《しょうじゅ》**、千年の翠**《みどり》」という禅語があります。

「松樹」とは、「松の木」のことです。

「千年の翠」とは、「ずっと緑色のままでいる」という意味を表します。

桜のようにパッと花を咲かす木は、多くの人から賞賛されます。

また、秋に美しく紅葉する木も、たくさんの人から賞賛されます。

一方で、松の木は、桜のような花を咲かせることもありませんし、秋に紅葉することもありません。一年を通して、緑色のままです。

桜や、紅葉する木は、たとえると「パッと目立つことをして、人々の注目を集める人」です。

一方で、「ずっと緑のままでいる松の木」は、いわば「**目立つことはなくても、地道に努力を続ける人**」のたとえです。

禅では、この松の木のような人のほうが、最終的には大きなことを成し遂げると考えるのです。

地道に生きる自分を誇りに思う。

たんたんと努力するうちに、チャンスが訪れる

自分に課せられた役割に喜びと誇りを持ちながら生きている人もいます。

一方で、自分に課せられた役割に満足できないでいる人もいるかもしれません。

たとえば職場で、「どうして私が、こんなことをしなければならないのか」と悲しい思いをしている人もいるかもしれません。

ここで禅のエピソードを一つ紹介したいと思います。曹洞宗《そうとうしゅう》の開祖、道元《どうげん》が宋《そう》（現在の中国）へ留学した時の出来事です。

道元が滞在していた禅寺に、一人の年老いた修行者がいました。夏のある暑い日、その老修行者が汗をダラダラ流しながら、キノコを干す作業をしていました。

道元は、かわいそうに思えてきて、「そのような仕事は、誰か若い人間にやらせたらどうですか」と言いました。すると、その老修行者は、「他の者がやったら、私の修行になりま

せん」と答えました。道元は「なるほど」と悟りました。

禅は、日常生活で行うことすべてを修行だと考えます。

「キノコを干す」ということも、坐禅と同じく、修行の一つなのです。

そして修行である限り、「満足できるとか、満足できないとか」「やりたいとか、やりたくないとか」を考えずに、ただひたすら一生懸命にこなしていくことで悟りを得るチャンスを得られる、と禅では考えるのです。

夏の暑い日にキノコを干す作業はたいへんでも、「それを他人にやらせたら悟りを得るチャンスを失ってしまう」と、その老修行者は述べたのです。

与えられた役割を、禅の修行だと考えてみる方法もあると思います。「満足できない」という思いを捨てて、たんたんとこなしていくのです。そうすれば、やがて「自分が望んでいることと」を得るチャンスがめぐってくるかもしれません。


思いを捨てて、たんたんと努力していく。

無意味なことに命を懸けてやることに、貴重な意味がある

面白い禅問答があります。

禅の修行者が、師匠に、「修行には、どのような意味がありますか」と問いかけました。

その師匠は、「修行とは、底が抜けた籠《かご》に、夜に輝く月を盛りつけるようなものだ。小さなお椀《わん》に、涼しい風を流し入れるようなものだ」と答えました。

その修行者は、その師匠が言った言葉の意味がまったくわかりませんでした。

しかし、この禅語では「意味がない」ということに意味があるのです。

坐禅に興味がない人は、「ただ静かに、何もせずに座っていることに何の意味があるのか。まったく意味がないではないか」と疑問を持つことでしょう。

しかし、「世間の人から無意味なことと思われようが、自分自身が坐禅によって自分がより大きな人間へ成長できると信じたならば、無心になってただひたすら座り続けることが修

行だ」と、その師匠は伝えようとしたのです。

言い換えれば世間の人が無意味と言うことを、命がけで取り組むのが、禅だと言っているのです。

この禅の考え方は、一般の人にも参考になると思います。

会社の上司や、周りの友人、また家族などから「そんなことをしていて何の意味があるのか。意味がないではないか」と、叱られたり、時には笑われたりしている人もいるかもしれません。当人とすれば悲しいことでしょう。

しかし、自分自身が「**それによって貴重なものを得られる**」と信じるならば、周りの人たちの声など気にせずに、無心となって邁進《まいしん》するのがいいのではないでしょうか。その結果、いつの日か、周りの人たちをアッと驚かすようなことを成し遂げられるかもしれません。

自分が信じたことをやり続ける。

無駄な努力に全力をそそぐ姿が、人の共感を生む

禅に次のようなエピソードがあります。

国境の山奥に一人の老いた禅僧が住んでいました。

その国境を越えて通行する旅人たちは、険《けわ》しい山を越えていくのにたいへんな苦労をしなければなりませんでした。旅人からその話を聞いた禅僧は、「旅人たちがもっと楽に国境を越えられるようにしてやりたいものだ」と思いました。

そこで、山を別の場所へ移すことを思いつきました。その禅僧は自分一人で、山の土を掘り出しては、別の場所へ持って行く作業を始めました。

その様子を見ていた近くの村の老人がいました。

その老人は、「なんてバカげたことをしている。そんなふうにして山を移すのに、いったん何年かかると思っている。年老いた禅僧が、生きている間に完成できる仕事ではない」と、

あざけり笑いました。

その禅僧は、「私が死んだ後は、誰かが私の遺志を継いで、この山を移すという仕事を完成させてくれるだろう」と述べました。

その様子を空の上から見ていた神様がいました。神様は、その禅僧の話に感動し、神通力を発揮して一晩のうちに山を別の場所へ移してやりました。

この話は、「たとえ自分の生きている間にやり遂げられないようなことであっても、無心になって努力を続けていけばよいことが起きる」という、禅独特の考え方を表しているのです。無駄な努力になるかもしれないことであっても無心になって一生懸命に取り組んでいれば、やがてたくさんの協力者が現れるだろう、ということです。

「自分が今取り組んでいることを最後までやり遂げることができるだろうか」と疑問に感じ、泣き出したいような気持ちになっている人に、勇気を与える話ではないかと思います。


無駄な努力と思っても、無心になって努力を続ける。

「結果を求めすぎるから、悲しみが生まれる」と知る

禅の問答に次のようなものがあります。

ある禅の修行者が、師匠に、

「修行とはどのようなものですか」と問いかけました。

その師匠は、「修行とは、雲を耕し、月に種をまくようなものだ」と答えました。

不思議な答えです。

「禅の修行とは、畑を耕し、土に種をまくようなものだ」と言うなら理解できます。

「禅の修行とは、畑を耕すようにして自分自身の心を掘り下げ、努力という種をまけば、やがて努力が芽を出して『悟り』という収穫《しゅうかく》を得られる」というような意味になるからです。

しかし、「雲を耕し、月に種をまく」とは、どういうことなのでしょうか?

第一「雲を耕し、月に種をまく」など不可能なのですが、もしできたとしても何一つ芽を

出さないし、収穫できるものも何一つないでしょう。

じつは、「何一つ芽を出さないし、収穫できるものも何一つない」ということに、この師匠の答えの本当の意味があるのです。

この師匠は、つまり、「**結果を求めるな**」と言っているのです。

「修行をすれば、悟りが得られる」「修行をすれば、人間的に完成する」といった結果を求めすぎると、「何の結果も得られない」という現実に直面した時、それが大きな悲しみとなって心を惑わします。

「それが修行の妨《さまた》げになりかねないから、初めから『得られる結果など何もない』と考えて修行するのがいい」と言っているのです。

一般の人の人生においても、欲張っていい結果を求めすぎるのではなく、たんたんと今すべきことを進めていく生き方のほうがよい結果が出るかもしれません。


結果を求めすぎないように注意する。

「悲しい気持ち」を打ち明けられる相手を大切にしていく

悲しいことがあった時、話し相手になってくれる人が身近にいると、心が慰《なぐさ》められるものです。

しかし、安心して何もかも打ち明けられる相手というのは、身近にそれほど数多くいるわけではないでしょう。

禅の言葉に、「**相《あ》い識《し》るは天下《てんが》に満《み》つるも、心を知るは能《よ》く幾人《いくにん》ならん**」というものがあります。

「ただの知り合いであれば、身の周りにたくさんいるだろう。しかし、心を許して何でも話し合える相手はいったい何人いることか」という意味です。

つまり、「心を許し合える相手は少ない」と言っているのです。

人によっては、「心を許せる相手なんて一人もいない」と言う人もいるかもしれません。

この禅語は、言い換えれば、「だからこそ、もし心を許し合える相手が身近に一人でもいるとしたら、その人との関係を大切にしていくのがいい」と述べていると思います。

そのような相手とケンカでもして絶交することになったら、自分の人生においてもう二度と心を許せる相手などにめぐり合えないかもしれないのです。

禅の修行者にとっても、心から信頼できる禅の師匠、心と心のつき合いができる修行仲間とめぐり合うことは、そう簡単なことではありません。

その意味から、この禅語が生まれたのでしょう。

一般人も、心を許し合える相手との関係を大切にしていくことが必要だと思います。

そうすれば、もし悲しいことがあったとしても、その悲しみを乗り越えて力強く生きていけると思います。

「心を許せる相手にめぐり合うのは難しい」と知っておく。

努力の痕《こん》跡《せき》を残さず努力するのが、真の修行者である

ある人は、「一生懸命になってがんばっているのに、誰も私が努力していることに気づいてくれない。それが悲しくてしょうがない」と、なげいています。ここで禅のエピソードを一つ紹介しましょう。

ある禅の修行者が、師匠に、「修行の心得とは何ですか」と尋ねました。

その師匠は、「ごはんは食べたか」と問い返しました。

その修行者は、「はい、食べました」と答えました。すると、その師匠は、「ごはんを食べるのに使った茶わんをちゃんと洗っておくのだぞ」と言いました。

その言葉で、その修行者は、その師匠が言おうとした意味を理解しました。それはつまり、「自分が行ったことの痕跡《こんせき》を残さない」ということなのです。

食事の後には茶わんをきれいに洗って、その茶わんを使って自分が食事をしたという痕跡

を残さない、ということです。それと同じように、「修行をしても『私はこれだけ一生懸命修行をした』という痕跡を残さないことが、修行の心得になる」と言っているのです。痕跡を残さないのですから、誰も自分の修行の努力に気づいてくれないかもしれません。しかし、「周りの人が自分の努力に気づいてくれなければ、それはそれでいい。誰も自分の努力を認めてくれなくても、それでいい」というのが、禅の考え方なのです。

かえって「気づいてもらいたい」「認めてもらいたい」という気持ちにこだわると、それが心の迷いとなって修行の妨《さまた》げになるのです。

職場の仕事でも、「気づいてもらいたい」「認めてもらいたい」という気持ちが心の迷いをもたらし、仕事の妨げになる場合もあるのではないでしょうか。

ならばある意味「**気づいてくれないなら、それでもいい**」と開き直ってしまうのも、心を楽にする一つの考え方だと思います。


「努力を気づいてもらいたい」という思いを消す。

挨拶《あいさつ》は人間関係の基本だと知る

身近にいる人たちと上手に意思疎通《そつう》ができないことは、その当人の心に戸惑いと悲しみをもたらします。

「家族が何を考えているかわからない」「職場の同僚がどう思っているのかわからない」「友だちがどう思っているのかわからない」という状況です。

このような状況にある人は、もしかしたら挨拶《あいさつ》を怠《おこた》っているのかもしれません。

人と顔を合わせた時にする「**挨拶**」です。

この挨拶を怠っているために、その後のコミュニケーションも上手くいかず、そのために意思疎通ができない状態になっているのかもしれません。

円満な人間関係を築いていくために、「おはよう」「こんにちは」「お元気ですか」といった挨拶はとても重要な意味を持っています。

この挨拶を重視するのが、禅の考え方です。じつは、挨拶という言葉自体、その語源は禅にあります。

禅の修行者たちは、挨拶を交わすだけで、「相手が今、どのような精神状態にあるのか」「どのくらいまで修行が進んでいるのか」が理解できると言います。

お互いに挨拶を交わす時の、声の調子、態度、視線の強さなどから、相手の精神状態がわかるようです。

ですから禅の修行者は挨拶を重んじます。

一般人の場合、「**挨拶だけで相手の精神状態がすべて理解できる**」という段階まで達するのは難しいかもしれません。

しかし、コミュニケーションのきっかけ作りには大いに役立つと思います。

つまり挨拶は、円満な人間関係の基本なのです。

挨拶から、相手の精神状態を知る。

第8章

自然の流れに自分を任せる

天に任せて生きれば、心が楽になる

人生には自分の思い通りにならないことがたくさんあります。

「ずっと一緒に暮らしていきたい」と思っていた恋人から、突然「別れてほしい」と言われることもあるでしょう。

やりがいを感じていた仕事から、会社の都合で違った仕事へ異動させられることもあるでしょう。

そのような現実に直面する時、人は大きな悲しみや戸惑いの感情をおぼえます。

しかし、それはある意味、天から授けられた自分自身の運命なのです。

運命なのですから、それに逆らうことはできません。

ただ「運命に逆らうことができない」とわかっていても、自分自身の思いというものをあきらめきれないのが人間なのかもしれません。

しかし、自分の思いをあきめず、いつまでもそれに執着《しゅうちゃく》すれば、悲しみや戸惑いの感情はいっそう深まっていくばかりです。

禅の言葉に、**「天真《てんしん》に任す」**というものがあります。

この言葉の意味は、「自分自身の思いを捨てて、すべてを天に任せて生きていくのがいい。それが心の動揺を静め、安らかに生きていくコツだ」というものです。

「自分の思いを捨てる」のも、**「すべてを天に任せて生きる」**のも、簡単にできることではないかもしれません。

それでも日々、そのように心がけることによって、少しずつ自分を変えていくように努力してもいいのではないでしょうか。

思いがなくなっていくにつれて、心が「あきらめられない」という感情から解放されて楽になっていくでしょう。

運命に逆らおうと思わない。

「人にはおのずから定まった運命がある」と知る

愛する人を亡くして悲しみに沈んでいる人は、つい次のような考えにおちいりがちです。「私がもしあの人をもっと早く病院に連れていってあげれば、あの人はもっと長生きできたのではないか。私が悪かったから、あの人は死んでしまったのではないか」「私が注意していれば、あの人を事故にあわせることなどなかった。私の不注意から、あの人を死なせてしまったようなものだ」

このように愛する人の死に対して、自分の責任を強く感じてしまうのです。その結果、悲しみという感情からいつまでも抜け出すことができずに、苦しい思いで自分を責め続けます。

禅の言葉に、「**雨ならずして花猶落つ。風無くして、絮自ら飛ぶ**」というものがあります。

直訳すれば、「雨が降らなくても、花は落ちる。風が吹かなくても、柳の種子は飛んでいく」

という意味ですが、ここには、「これといった原因がなくても、人の人生は前々から定まった運命に従って動いていく」という、人の人生に対する禅の考え方が述べられています。

人は、死ぬべき時は死ぬのです。

身近にいる人が当人を早く病院に連れていったとしても、日頃から注意していたとしても、人は死ぬべき時は死ぬのです。

ですから、「私が悪かったから」と、自分を責めることはないのです。

それが愛する人の運命だったと考えるのです。禅の考え方に従って、そう考えることで、少しは気持ちが和らぐのではないでしょうか。

必要以上に自分を責めない。

大切なのは理屈よりも、いいイメージを持つことと知る

禅の創始者は、インドから中国へ渡って禅の思想と実践法を伝えた達磨《だるま》大師だと言われています。

この達磨大師が伝えた禅が、その後、曹洞《そうとう》宗や臨済《りんざい》宗などへ分派していったのです。

さて、この達磨大師について、次のようなエピソードが残されています。

ある時、達磨大師は弟子から、「仏の教えの中で、もっとも聖なるものは何ですか。私なりにいろいろ考えているのですが、いまだによくわかりません」と尋ねられます。

この問いに、達磨大師は、「ただ心に、きれいに晴れ渡った美しい空を思い描いていればいい。仏の教えのもっとも聖なる教えとは、そのように澄み渡っているということだ」と答えました。

達磨大師は、暗に、「**理屈でものを考えるな**」と言いたかったのではないでしょうか。

仏の教え、また悟りといったものについて理屈で答えを見つけ出そうとすると、かえって答えを見つけられなくなって、心の迷いにはまっていってしまうものなのです。

ですから達磨大師は、「理屈で考えるよりも、いいイメージを持つ」ということを教えたかったのだと思います。

人生に対してまじめに考える人ほど、「人間にとって幸せとは何だろうか」と真剣に思い悩みます。しかし、考えれば考えるほど答えがわからなくなって、心の迷いにはまりこんでいくというケースもあるのです。

その結果、「自分は愚かな人間だ」と悲しい思いをすることにもなります。

ならば、理屈でものを考えるよりも、美しい空をイメージしながら、「人間にとっての幸せとは、あの澄みきった空のようなものだ。私も美しい空のように澄みきった気持ちで暮らしていこう」と考えるほうがいいのかもしれません。

幸せについての、いいイメージを持つ。

「寝て起きる」という日常の営みに心をこめる

人生はよく「道《みち》」にたとえられます。

生きるとは「長い道を歩いていくようなものだ」と、よく言われます。

その長い道のりの途中で、挫折をして泣き出したい気持ちになっている人もいるかもしれません。「もう歩き疲れた」という気持ちになって、途方に暮れている人もいるかもしれません。

そんな人のために、禅問答に次のようなものがありますから紹介しておきます。

ある禅の修行者が、師匠に、「生きるとは、どういうことですか」と問いました。

その師匠は、「生きるとは、道を行くようなものだ」と答えました。

その修行者は、さらに「道とは何ですか」と問いました。

その師匠は、「寝て、起きて、坐禅をして、食事をして、掃除すること。これらがすべて、道だ。

この道を日々少しずつ前へ進んでいけば、やがて長安《ちょうあん》に至る」

「長安」とは、唐時代の中国の首都です。この禅問答は、当時の中国の禅僧が行ったものなので長安という地名が出てきますが、これは「大きな悟りの境地」を意味しています。また「人生の目的」「願望の達成」と理解してもいいと思います。

人生に挫折しても、「寝て起きる」という日常生活の営《いとな》みには変わりありません。生きることに疲れて途方に暮れてしまっても、「座って、食べて、掃除をする」という日常生活の営みには変わりありません。

人生の途上ではいろいろな経験をすることもあるでしょう。その度に、心を揺さぶられもします。しかしながら、日常生活の中で行う営みをきっちりこなしていくことで平常心に立ち返り、少しずつ人生という道を前に進んでいくことができる、とこの禅問答は述べているのです。そして、いつの日か目的地に達することができるのです。

日常生活の中ですることを、きっちりこなしていく。

明日のことよりも、今日を大切に生きる

人間は「明日、自分の人生がどうなっているか」を見通すことはできません。

誰にとっても、明日のことはわからないのです。

この「わからない」ということが、人の心に不安をもたらします。

「明日、どんな災難にあうかわからない。もし災難にあったら、どうしよう」

「今つき合っている相手から、ゆくゆく別れを告げられることになったら、私はどうすればいいんだろう」

「勤めている会社を突然リストラされることになるかもしれないと考えると、不安で夜眠れない」

といった具合です。

禅の考え方に、「**わからないことは、考えない**」というものがあります。

わからないことは考えない。

「本質的にわからないことを『こうなるのではないか』と予想して、『そうなったらどうしよう』と考えてもしょうがない」ということです。

先々のことをあれこれ想像していると、結局は妄想《もうそう》に振り回されるだけということです。

「明日《みょうにち》を期せず」という禅語もあります。

「明日のことを考えない」という意味です。

「明日のことを考えて思いわずらうよりも、今日という日を、今という時間を大切にしていく」と考えるのが、禅の基本的な立場です。

今という時間を大切にしながら、今日という日を一生懸命になって生きていれば、おのずから「幸福な明日」という日がやってくるのです。

大切なのは明日よりも「今日」であり「今」なのです

「無くなる」という意識自体をなくすのがいい

ある男性は近々、長年勤めてきた会社を定年退職することになっています。会社をやめれば、仕事も、役職も、職場での自分のデスクも、そして給料やボーナスもすべてなくなってしまいます。

もちろん彼自身、「定年退職すれば、すべてなくなる」という覚悟はできているのですが、それでもやはり寂しくてしょうがないと言います。

禅に次のようなエピソードがありますから、紹介しておきます。

禅の修行者が、師匠のもとを訪ねて、こう言いました。

「私は財産も地位も、俗世界への欲望もすべて捨て去って禅の修行に励んでいます。さらに何を捨て去ればいいでしょうか」

その師匠は、ただひと言こう答えました。

「**捨てろ**」と。

つまり、この禅の師匠は、「『捨て去った』という意識そのものを捨てろ」と述べているのです。「捨て去った」という意識さえ捨てられた時、初めて悟りが得られると説いたのです。

事例の男性のケースに、この禅のエピソードを当てはめて考えれば、「『仕事も、役職も、すべてのものがなくなってしまう』という意識自体をなくしてしまった時、寂しさや悲しみという感情も消え去る」ということなのかもしれません。

要は、未来をあまりネガティブに考えないことです。

定年退職によって「なくす」のではなく、定年後の生活によって新しい楽しみを「得られる」とポジティブに考えるのがいいのではないでしょうか。

そうすれば、楽しい気持ちで定年退職を迎えることができるでしょう。

さらに、気持ちを暗くすることなくすみます。

「なくなるのではなく、新しいものを得られる」と考える。

「道理が通らないこと」に心を乱さないのが、悟りである

この世の中には、筋が通らないことがたくさんあります。

矛盾するようなことが山のようにあります。

たいして努力をしていない人間が自分よりも先に出世していったり、自分よりも性格が悪い人間がモテたりします。

そんな筋が通らないこと、矛盾すること直面して、腹を立てたり、あるいは涙を流して悔しがっている人もいるのではないでしょうか。禅の問答に次のようなものがあります。

ある禅の修行者が、師匠に、

「悟りの境地とはどのようなものか教えてください」と問いかけました。

その師匠は、**「山が川の上を流れていく」**と答えました。

修行者は、師匠が言った言葉の意味がまったく理解できません。

川の上を葉っぱや木の枝が流れていくというのなら、理解できます。しかし、「山が流れていく」というのでは筋が通りません。

じつは、この「**筋が通らない**」ということが、この問答のポイントなのです。

この師匠は、あえて筋が通らないことを言って、「この世の中には、筋が通らない出来事がたくさん起こる。矛盾を感じることも多い。しかし、そのようなことに、いちいち感情を乱されてはいけない。どんなに筋が通らない出来事に直面しても、怒ったり悲しんだりすることなく、自分は何事もなかったようにたんたんと生きていくことが、悟りだ」

その禅の師匠が言おうとしたのは、そういう意味なのです。

矛盾することで悩んだ時、参考にしてほしい禅の考え方です。

何があっても、たんたんと生きていく。

「信じる気持ち」があってこそ、悲しみを乗り越えられる

キリスト教の言葉に、「信じる者は救われる」というものがあります。

じつは、これに似た意味を持つ言葉が禅語にあります

「**信《しん》を万事の本《もと》と為《な》す**」というものです。

「『信じる』ということが、すべての修行の基本的な精神である」という意味です。

確かに、「修行にがんばっていけば、きっと心が苦しみや迷いから解放されるはずだ」と信じていなければ、それでなくてもつらい修行を堪《た》え抜いてはいけないでしょう。

キリスト教の信者にしても、「キリストが自分たちを心の悩みから救ってくれる」と信じるからこそ、信仰を続けられるのでしょう。

「悲しみを乗り越える」という意味でも、この「信じる」ということは大切なポイントになってくると思います。

必ずしも宗教への信仰を持つことを勧めているわけではなりません。

「泣き出したくなるほどつらい状況にあるが、もう少しがんばれば、この状況から抜け出せるはずだ」

「明けない夜はないと言うように、あと少しで、明るい未来がやってくるだろう」

「悲しい状況にあるけれど、時間が自分の気持ちを癒《いや》してくれるはずである」

「あの人には悲しい思いをさせられたが、世の中の人はみんなあんな意地悪な人ばかりではない。いい人もきっといるはずだ」

といったことを信じる、ということです。

言い換えれば、明るい未来を信じる力が強い人ほど、早く悲しみを乗り越えていくこともできるのではないでしょうか。

「未来は明るい」と信じて生きていく。

悲しい経験を含めて「かけがえない人生」と思う

人の人生にはさまざまなことが起こります。

もちろん、いいこともたくさん起こります。

そんな時は、誰もが「人生というものはすばらしい」と思うでしょう。

しかし、時には悲しい出来事も起こります。

何かのアクシデントに見舞われて、これまでの幸せな生活の基盤を失ってしまうような経験もしなければならなくなることもあるのです。

そのような経験をした時、人はうって変わって「人生なんてつらいことばかりだ。生きていても何の楽しみもない」と考えるようになります。しかし、そのようなマイナス思考のおちいることが、ますます気持ちを落ちこませていく結果にもなりかねません。

「**雨**《う》**奇**《き》**晴**《せい》**好**《こう》」という禅語があります。

「自然豊かな景色は、晴れていればもちろん美しい。一方で、もし雨が降っていても、それはそれでいい雰囲気《ふんいき》があってまた美しい」という意味を表します。

同時に、この禅語は、「**人の人生についても次のようなことが言える。うれしい出来事に恵まれた人生はすばらしい。一方で旅行に行った時、もし雨に降られるようなつらいことを経験することがあっても、それはそれで、すばらしい人生だと考えるのがいい。そのようなマイナスの経験を肯定的に受け入れていくことで、どんなことがあっても、くじけることなく前向きに生きていける**」という人生についての禅の考え方をも表しているのです。

喜ばしい出来事ばかりではなく、悲しい経験を含めて、かけがえのない自分自身の人生なのです。そう考えることが、人生を豊かにします。

「雨が降る日も、晴れている日もすばらしい」と考える。

誠《まこと》の心で訴えるから、気持ちが伝わっていく

「自分の思いが、なかなか相手に通じない」

「自分が言いたいことを、相手は理解してくれない」

これらはその当人にとって、とても悲しい経験だと思います。

禅の言葉に、「**対《たい》一《いっ》説《せつ》**」というものがあります。

ある禅の修行者が、師匠に、「お釈迦様（ブッダ）は、どのような方法で説法をされたのでしょうか」と問いかけました。

その問いに、その師匠が答えた言葉が、この「対一説」です。

「ある人に話をする時には、その人にわかりやすいように心をこめてお話しなされた。また別の人に話をする時には、その人に理解できるように心をこめてお話しなされた。そのように一人一人に対して心をこめてお話しなされた」という意味です。

二つのポイントがあると思います。

「その相手にわかりやすいように話す」

「誠心誠意をこめて話す」

ということです。

人はそれぞれ理解力に差があります。また人それぞれものの感じ方も違います。

ですから、たとえばＡさんに理解できたから、同じようにＢさんに話せばＢさんも理解してくれるかと言えば、必ずしもそうはならないのです。

ですから、「Ａさんには Ａさんが理解しやすいように話す。Ｂさんには Ｂさんがわかりやすいように話す」ということが、自分が訴えたいことを相手に伝える一つのコツになります。

そしてもう一つは「心をこめて話す」ということです。

この二点を心がければ、「思いが通じない」と悲しむことも少なくなるでしょう。

その相手に合わせた話し方をする。

舌で話をしない。話とは「心でする」ものだ

面白い話があります。明治時代、三遊亭円朝《さんゆうていえんちょう》という落語家がいました。

この円朝は、ある時、知り合いだった山岡鉄舟《やまおかてっしゅう》に昔話の「桃太郎」を話して聞かせてほしいと頼まれました。

山岡鉄舟は、もとは江戸幕府の重臣だった人物です。剣豪でありながら、坐禅の修行者としても知られていました。

鉄舟は、子供だった頃に母親からよく「桃太郎」の話を聞かせてもらっていたのです。その母をなつかしく思い出し、落語家の円朝に「桃太郎」を話して聞かせてくれるように頼んだのです。

円朝は喜んで引き受けました。しかし、円朝が「桃太郎」の話をしても、鉄舟はあまり感心した顔をしていませんでした。

鉄舟は話を聞き終わった後、円朝に「母親の話は心に訴えかけるものがあったが、おまえの話はちっとも心に訴えかけてこない。それはおまえが舌《した》で話をしているからだ」と言いました。

禅には、「舌で話をしてはならない。心で話をしなければ、話の内容は相手の心に届かない」という考え方があります。鉄舟は、その禅の考え方を円朝に説明しました。

円朝は、それ以来、鉄舟のもとで坐禅を始めて、禅の「**心で話す**」ということを学ぶようになったと言います。そして、やがて名人と呼ばれるような落語家になったのです。「心で話す」とは、「上辺《うわべ》でだけ話すのではなく、心をこめて話す」ということです。

「自分が話をすると、いつも相手はシラケた顔をする」となげき悲しんでいる人には、参考にできるエピソードでしょう。

「上辺だけで話しても、相手は心を動かさない」と知る。

第9章

自然の中で心を癒す

「美しい自然」が、悲しみを慰める「心の宝」になる

「お金がないから、欲しいものを得られない」と、なげき悲しんでいる人がいます。

このように悲しむ人にとって「欲しいもの」とは、きっと「それをもっていると優越感に浸《ひた》れるもの」が多いと思います。

より高級な車、より高性能なパソコン、より贅沢《ぜいたく》な家具、より豪勢な家などです。

確かに、そのようなものは、お金がないと手に入れることができません。

しかし、お金がなくても得られるものは、身の周りにはたくさんあります。

それは美しい自然です。

美しい空、美しい山の風景、道に咲く美しい花などです。

これらの美しい自然を眺めているからといって、「優越感」は得られないかもしれません。

しかし大きな「安心感」は得られます。

人間にとって「優越感」を得るよりも、「安心感」を得て生きていくほうが幸福ではないでしょうか。

禅語に、**「山家《さんけ》の富貴《ふうき》、銀千樹《ぎんせんじゅ》」**というものがあります。

「お金などまったく持たない貧しい山の狩人《かりゅうど》であっても、貴重な宝を持っている。それは雪におおわれた一面の銀世界の山の美しい風景だ」という意味です。

狩人にとって、なぜ美しい山の風景が「貴重な宝」になるのかと言えば、それが心に「安心感」をもたらすものだからでしょう。

「優越感」よりも「安心感」を大切にして生きていく、というのも禅の考え方です。

身近な自然の美しさに何よりも価値を見出せるようになった時、その人は「お金がない」という悲しみを乗り越えられると思います。

「お金よりも貴重な宝がある」と気づく。

無心となって美しい自然を眺めることで、心が癒される

悲しい経験をすると、人は往々にして自分のことばかりに意識が向くようになります。

「私はなんて不幸なんだ。私はもう立ち直れない」と、自分のことばかり考えてしまうのです。

しかし、自分のことばかりに意識を向けることは、かえってその悲しみをいっそう深めてしまう原因になりがちです。

このような場合は、自分のことばかりに向かう意識を、努力して外へ向けるようにするのがいいのです。

とくに美しい自然の風景に意識を向けることは、悲しみを癒《いや》す効果が大きいように思います。

「**車を停《とど》めて、坐《そぞ》ろに愛す楓林《ふうりん》の暮れ**」という禅語があります。

「馬車を止めて、楓《かえで》の林に夕日がさす美しい風景を楽しむ」という意味です。

この禅語にある「馬車を止める」という言葉には、「**心の動きを止める。あれこれ考えることをやめる**」という意味もあるように思います。

悲しい経験をすると自分のことについて、あれこれと考えこんでしまうものですが、そのような心の動きを止めて無心の境地になり、しばらくの間、美しい自然を眺めている、ということです。

身近な自然でいいのです。花壇《かだん》に咲いている花、きれいに晴れ渡った空、美しい夕焼け、秀麗《しゅうれい》な山の姿……そんな美しい自然を無心になって眺めているうちに、悲しみが癒《いや》されていくのです。

あれこれ考えず、花を眺める。

美しい自然が、心の汚れを洗い流す

禅では、修行のことを「**洗心**《せんしん》」と言うことがあります。

「洗心」とは、文字通り、「心を洗う」ということです。

「悲しみ、怒り、欲求不満、いら立ち、欲望といった煩悩《ぼんのう》によって汚された心を洗って綺麗《きれい》にする」ということです。

ですから、禅の修行者が坐禅をするということは、言い換えれば、坐禅によって「心を洗う」ということを意味するのです。

ところで禅の修行者が、坐禅の他に「心を洗う」ためによくすることがあります。

それは「美しい自然に接する」ということです。

たとえば、美しい海岸を散歩したり、山の中で美しい景色を眺める、美しく晴れ渡った空を眺める、といったことです。

禅の修行者には、時間が空くと自然の美しい環境に身を置くようにする習慣があるのです。

一般の人にも、美しい自然の中で「心が洗われるような気持ちだ」という経験を持つ人も多いのではないでしょうか。

そのような思いがすることは、心から悲しみや怒りといったさまざまな汚れが取り払われた証だと思います。

何か悲しい経験をして、どうしようもない気持ちになった時は、この禅僧の習慣を参考にして、自然の美しい場所へ行ってみるという方法もあると思います。

そこで、美しい自然を眺めながら、何もかも忘れて、ネガティブな感情から心を解放してあげるのです。

そうすれば、ふたたび生きる力がわいてくるのではないでしょうか。

美しい自然を眺めて、心を解放する。

焼き尽くされても蘇《よみがえ》る生命力を持つ

自然発生の火事によって草原が焼き尽くされてしまうことがあります。

しかし、「焼き尽くされた」と見えるのは、表面的なことなのです。

地中には、植物の根や種が生き残っていて、それが春になると芽を出し、ふたたび草原を緑でおおい、たくさんの花を咲かせます。

そんな情景について述べている禅語があります。

「**野火《のび》焼けども尽きず、春風《しゅんぷう》吹いて又《また》生ず**」というものです。

「野火」とは、「草原で自然発生する火事」の意味です。

「草原が野火で焼き尽くされたとしても、春風が吹く季節になれば、土の中から新たな生命が芽生えてくる」という意味です。

自然には、そのような再生能力があるのです。

この禅語は、その意味から、「人間も、たとえ悲しい出来事に打ちひしがれたとしても、また立ち直ってがんばっていける潜在的な生命力を備えている」と述べているのです。

そういった人間が持つ潜在的な底力が、もともと自分自身にもあることをいつも忘れないでいることが大切ではないでしょうか。

そうすれば、たとえ悲しい出来事に打ちひしがれたとしても、そのまま打ちひしがれた状態でいることもなくなると思います。

「私には、こんなことではへこたれない底力がある」と自信を持ち、何度でも立ち直って、前へ進んでいくことができると思います。

また、底力のある自分を信じて、勇気を持って、たくましく人生を切り開いていけます。


打ちひしがれても、打ちひしがれたままでいない。

ただひたすら生きていれば、やがて春がやって来る

昔は、禅の修行者が坐禅をする道場には、もちろん暖房設備などありませんでした。

現在では、一般人が坐禅会などに参加するケースも増えていますから、冷暖房設備が整った道場もあるようです。

しかし、禅僧たちが本格的に修行をする道場では、現在でも暖房設備がないところがほとんどです。

冷暖房設備がない道場で坐禅をするのは、たいへんなことです。

とくに山奥にある寺の道場で、冬の寒い季節に坐禅をするのはたいへんです。

お尻の下からジンジンと体が冷えてきます。

そんな冬の寒さに堪えながら修行に励む禅僧に向けて語られた禅語があります。

「**兀然《ごつぜん》として無事に坐すれば、春来《き》たり草自《おの》ずから生ず**」というものです。

「兀然として」とは、「ただひたすら」という意味です。

「無事に坐すれば」とは、「**無心になって坐禅に集中する**」という意味です。

つまり、「日々、ただひたすら無心になって坐禅に集中することで、寒さも忘れられる。ふと気づけば冬は終わり、春のあたたかい季節になっている」というのが、この言葉の意味です。

今、悲しい出来事に打ちのめされて、気持ちが落ちこんでいる人には参考にしてもらいたい禅語です。

今やるべきことだけに、ただひたすら無心になって集中することで、悲しみを忘れることもできるのではないでしょうか。

そして気づけば、冬からめぐって春がやって来るように、人生が好転し始めているかもしれません。

今やるべきことだけに気持ちを集中する。

#「寂しい生活の中にも、心を和ませるものもある」と知る

ある男性は、任されていた部署の業績が悪かったことの責任を負わされる形で、東京の本社から地方の営業所へ左遷《させん》になりました。

彼は、「田舎なので活気がない。寂しくてしょうがない」と、なげき悲しんでいました。

もしかしたら、この男性と同じような経験をしている人もいるかもしれません。

そのような寂しい生活、悲しい思いを乗り越えていくために、禅の言葉を紹介しておきます。

「**竹覓《ちくけん》二《に》三升《さんしょう》の野水、松窓《しょうそう》七《しち》五《ご》片《へん》の閑雲《かんうん》**」というものです。

山奥の粗末《そまつ》な小屋で一人暮らしをしている禅の修行者のもとを、知り合いが訪ねてきました。

その知り合いに、修行者が述べた言葉が、この禅語になりました。

「何もない寂しい住まいですが、竹で作った用水路から清らかな水が流れてきます。窓から

外を眺めれば、松の枝の向こうに美しい空、美しい雲を見ることもできます。どうぞお楽しみください」と述べているのです。

この禅語には、さらに、「どんなに寂しい人生を送っていようとも、自分で探し出そうと思えば、いいことがたくさんあるものだ。従って、自分の境遇をなげくことなく、いいことを心の支えに前向きに生きていくのがいい」という禅の考え方を表しているのです。

左遷された田舎であっても、「自然が美しい」「料理がおいしい」「地域の人たちがやさしくしてくれる」といった、いい面もあるはずです。それを探し出すのが、悲しみを乗り越えるコツになると思います。

いい面を探し出す努力をしてみる。

つらい環境と孤独感に打ち勝ってこそ、得たいものを得られる

同僚も上司もみんな先に帰ってしまった職場に、自分一人だけ取り残されて残業をしなければならないのは、本人にとってはとてもつらいものではないでしょうか。

自分がミジメな存在に思えてきて、悲しい気持ちにもさせられるでしょう。

そのような状況にある時、悲しい気持ちを慰《なぐさ》めてくれると思われる禅語があります。

「**一糸独《いっしひと》り釣る、寒江《かんこう》の雨**」というものです。

これは、「冷たい雨がふる中、一人で川に釣り糸を垂れている釣り人がいる」という意味です。

何か物寂しい情景を表している言葉ですが、禅ではこの言葉に登場する「一人の釣り人」に修行者の理想の姿を見ているのです。

「冷たい雨がふる」というつらい環境に負けることなく、「仲間などおらず、一人きりである」という孤独感にも負けることなく、黙々と修行に励むことこそ、禅の修行者のあり方だと述

べているのです。

もちろんそこには、つらい環境や孤独感に打ち勝った先には、大きな悟りの境地がある、という信念があるのでしょう。

一人職場に残って残業をする人も、今このつらさと孤独感に打ち勝つことができれば、自分という人間はひとまわり大きく成長し、望んでいるものが得られるはずだ、と信じてみたらどうでしょうか。

それが励みとなって、悲しい気持ちを乗り越えていくきっかけをつかめるのではないかと思います。

そこでつらさや孤独感に負けて、やらなければならないことを投げ出してしまったら、得られるものは何一つありません。

つまり堪《た》えてこそ、大きなものを得られるのです。

「何かを得るには、がまんする必要がある」と知る。

まさかということが起こった時のために、違う方法を考えておく

人生は、「一寸先《いっすん》は闇《やみ》」だとよく言われます。

「予想もしなかったことが起こる。何が起こるかわからない」という意味です。

「この道をまっすぐ進んでいけば、人生は安泰《あんたい》だ」と安心している時ほど、予想もしていなかった突発的な出来事に見舞われると、大慌てすることになります。

そこで、「私の人生はこんなはずではなかった」と泣かなくて済むようにするためには、事前に何かあった時のための対処策を考えておく必要があるのです。

禅での世界では、「横へ抜けていく迂回路《うかいろ》がない一本道を歩いていくのは、危険なことだ」とよく言われます。一本道を進んでいく途中で、何かアクシデントがあるかもしれません。そのために、その一本道を先へ進めなくなることになるかもしれません。

その時にもし迂回路があれば、その迂回路を回って目的地へ行くこともできます。

しかし、そんな迂回路がない時は、アクシデントに巻きこまれて足止めを食うことになります。

つまり、「人生の途上でどんなアクシデントが起こるかわからない。その時に迂回したりできる脇道を用意しておくことが大切だ」と言っているのです。

人生でのリスク管理をしっかりしておくというのも、禅の考え方に従った生き方になります。

ですから、どんなに安泰な人生を送っていても、「**もしも**」の時のことを考えて、その場合の違う対処策を考えておくほうがいいと思います。

それも、悲しみの少ない人生を送っていく大切な心得になるのではないでしょうか。

「これでもう安泰だ」と安心しない。

現実から逃げている限り、人間的成長はない

禅の問答に次のようなものがあります。

ある禅の修行者が、師匠に、

「夏の暑さを避けるためには、どこへ行けばいいか。冬の寒さを避けるには何をすればいいか」と尋ねました。

その師匠は、「**夏は、どこへ行こうが暑い。冬は何をしようが寒い**」と答えました。

その修行者は「夏の暑さ」「冬の寒さ」をたとえにして、「つらい時、悲しい時、どうすればいいのか」と尋ねたのです。

それに対するその師匠の答えには、「現実から逃げるのではなく、その現実に立ち向かって乗り越えていきなさい」という意味が表されているのです。

悲しい経験をすると、人はついその現実から目をそむけ逃げてしまおうとします。

たとえば、老病死です。自分自身が老いていくことは、本人にとって悲しいことです。病気になって今まで通りの元気な生活ができなくなってしまうのも、本人にとって悲しいことだと思います。また、愛する人と死別したり、自分自身の死を自覚することも、悲しい経験でしょう。

このような経験をする時、その悲しみに耐えられなくなって、現実から目をそむけ逃げようとする人もいるのです。

しかし、そのような悲しい現実から逃げられるところはどこにもないのです。

どんなに悲しいことであっても、その現実としっかり向かい合い、その現実を受け入れて、そこからどのように生きていくかを前向きに考えるほうがいいと思います。

そのほうが上手に悲しみを乗り越えていける、とこの禅問答は教えているように思います。

現実から逃げるのではなく、現実に立ち向かっていく。

何事があろうとも「寂然」として対処するのが賢い

「寂然不動心《じゃくねんふどうしん》」という禅語があります。

「何があろうと、大騒ぎせず、まずは静かにしていること。静かにして事の成り行きに冷静に対処すること。それが不動心で生きていくコツである」という意味を表しています。

たとえば、つき合っている恋人から、「じつは君の他に好きな人がいる」と告白されたとしましょう。

そこで、「いったい、どういうことなのか」と怒り出す人もいるでしょう。

「浮気されているなんて知らなかった。私はなんて不幸な人間なんだろう」と、泣き出す人もいるでしょう。

しかし、「そのように怒ったり泣いたりせずに、こちらからはあえて何も言わず、まずは恋人にどういうことなのか説明させる。その上で、自分がどう対処すればいいのか考えることが大事だ」ということです。

そして、そのように「寂然（大騒ぎせず静かにしている、という意味）」として対処することが、心に深い傷を受けることから自分を守り、一番いい対処の仕方を考えつくコツだ、と禅は考えるのです。

恋人に「他に好きな人がいる」と打ち明けられた状況で、そのように冷静に対処することは実際には難しいことだと思います。

しかし、できるだけ「寂然」の態度で対処するように、自分なりに努力してみることが大切だと思います。

それが自分の今後の人生のためになるからです。そこで騒ぎ立ててしまうと、自分をさらに不幸な状況に追いこんでしまう可能性もあります。

悲しいことがあっても、騒がない。

参考文献一覧

『ふっと心がかるくなる　禅の言葉』　永井政之監修　石飛博光と鴻風会著　永岡書店
『白馬芦花に入る――禅語に学ぶ生き方』　細川景一著　柏樹社
『枯木再び花を生ず』　細川景一著　禅文化研究所
『ちょっと困った時、いざという時の禅語１００選』　西村恵信監修　仏楽学舎著　三笠書房
『禅語百選』　松原泰道著　祥伝社
『禅語辞典』　入矢義高監修　古賀英彦編著　思文閣出版
『ブッダのことば』　中村元著　岩波書店

著者：植西 聰（うえにし・あきら）

東京都出身。著述家。学習院大学卒業後、資生堂に勤務。独立後、「心理学」「東洋思想」「ニューソート」などに基づいた人生論の研究に従事。1986年、長年にわたる研究成果を体系化した『成心学』理論を確立し、著述活動を開始する。95年、「産業カウンセラー」（労働大臣認定資格）を取得。
主な著書に『よいことを続けると、よいことが起こる８つのルール』（ビジネス社）、『「折れない心」をつくるたった1つの習慣』『心の支えを失ったあなたへ』（ともに青春出版社）、『「いいこと」がいっぱい起こる! ブッダの言葉』（三笠書房・王様文庫）、『平常心のコツ』（自由国民社）、『花を咲かせる100のルール』（アスペクト）、『人に好かれる話し方、人を傷つける話し方』（PHP研究所）など多数。

悲しみを乗り越える 禅の教え

2014年２月１日　第１刷発行

著　者　植西　聰
発行者　唐津　隆
発行所　株式会社ビジネス社
〒162－0805　東京都新宿区矢来町114番地
神楽坂高橋ビル5F
電話　03－5227－1602　FAX 03－5227－1603
URL　http://www.business-sha.co.jp/

〈カバー・本文デザイン〉山内宏一郎（サイワイデザイン）
〈印刷・製本〉モリモト印刷株式会社
〈編集担当〉本田朋子　〈営業担当〉山口健志

ISBN978-4-8284-1741-7